Osez (enfin) penser à vous !

9 étapes pour passer de la femme qui s'oublie à la femme épanouie

Valérie Richard

Osez (enfin) penser à vous !

9 étapes pour passer de la femme qui s'oublie à la femme épanouie

LE COURRIER DU LIVRE
27, rue des Grands-Augustins
75006 Paris

De la même auteure

30 jours pour augmenter l'estime de soi,
Le Courrier du Livre, 2016

Vivre selon la loi d'attraction,
Éditions Exergue, 2014

Dépôt légal : juillet 2017
IMPRIMÉ EN FRANCE

Achevé d'imprimer le 4 juillet 2017
sur les presses de l'imprimerie « La Source d'Or »
63039 CLERMONT-FERRAND
Imprimeur n° 19725

ISBN : 978-2-7029-1326-0

www.editions-tredaniel.com
info@guytredaniel.fr
www.facebook.com/editions.tredaniel

Sommaire

Introduction

Depuis quand ai-je envie d'écrire pour les femmes ? Depuis toujours, je crois. Seulement je n'en avais pas conscience. Lors d'une formation sur huit semaines à la pleine conscience, l'inspiration m'est venue de proposer aux femmes un programme sur cette durée. Je me suis sentie missionnée : accompagner les femmes à créer la vie qu'elles désirent !

Ce désir me tient à cœur pour plusieurs raisons :

- Je suis une femme et je comprends intuitivement et instinctivement les autres femmes.
- Les femmes ont à mes yeux un rôle essentiel à jouer dans la création d'un monde plus humain, aimant, paisible et joyeux.
- Les femmes sont encore trop discrètes sur cette planète. Il y a seulement quelques dizaines d'années, les femmes restaient à la maison, s'occupaient de leur mari, de leurs enfants, de la préparation des repas et des tâches ménagères. Même si certaines aiment profondément être compagne, mère et gardienne du foyer, ce n'est pas le rêve de réalisation de la majorité d'entre nous. Nous commençons à peine à oser être visibles, à entreprendre, à vivre nos passions, à accéder à des postes importants, bref, à prendre notre place. Dans les pays occidentaux, l'émancipation des femmes est relativement récente. En France, seulement 2 % des noms de rue sont des noms de femmes ! Et on y trouve souvent Marie Pasteur, généralement associée à son mari.

J'ai l'habitude de dire que les femmes sont merveilleuses, mais qu'elles ont un grand défaut : elles ne connaissent ni ne reconnaissent leur valeur ! De ce fait, soit elles se dévalorisent et restent en retrait, soit elles se surinvestissent pour prouver qu'elles ont de la valeur. J'ai souvent rencontré deux types de comportements opposés chez les femmes :

- Les femmes passives, voire soumises : Elles s'en remettent à l'homme ou à leur famille pour les prises de décision et les responsabilités. Elles ont été élevées dans l'idée de prendre soin des autres, mais elles ne se comptent pas parmi eux. Elles s'occupent toujours des autres avant de s'occuper d'elles-mêmes. Quand quelque chose leur déplaît, elles ont recours à cette phrase fataliste : « Je prends sur moi. » Elles détestent les conflits et les confrontations. Elles vivent essentiellement par procuration à travers leur homme ou leurs enfants.

- Les femmes dotées d'un masculin très fort : Nous avons tous du féminin et du masculin en nous, que l'on soit homme ou femme. Certaines femmes ont appris à faire comme les hommes pour se faire une place dans la société et pour réussir professionnellement dans un monde gouverné par les hommes. Quand elles occupent des postes élevés, elles peuvent parfois être plus intransigeantes que les hommes. Pour elles, féminité veut dire faiblesse. Elles sont exigeantes avec elles-mêmes et avec les autres.

Ma proposition avec ce livre est la voie du milieu : réussir sa vie pleinement dans tous les domaines tout en étant connectée à sa féminité. Les femmes ont tout pour réussir. Elles peuvent accéder à des postes importants, créer leur entreprise et vivre une relation amoureuse épanouie. Elles sont aussi capables d'équilibrer leur vie familiale, leur vie professionnelle et leur vie personnelle.

Le propos de ce livre n'est pas une revendication féministe. Bien au contraire : plus les femmes s'exprimeront depuis un féminin bien positionné, plus les hommes seront ancrés dans un masculin également bien positionné. Beaucoup d'hommes se sentent perdus aujourd'hui, ils ont du mal à définir leur nouvelle place depuis que les femmes sont devenues autonomes matériellement. Certains s'accrochent à leurs anciennes prérogatives, ne comprenant pas que les relations de pouvoir sont destructrices pour les deux parties. L'homme et la femme peuvent marcher côte à côte, main dans la main et dans la même direction s'ils sont chacun connectés à leur essence profonde.

Afin d'éclairer mon propos, je vous propose de revenir sur les notions de féminin et de masculin bien ou mal positionnés.

- Ce qu'est le féminin mal positionné (ce que n'est pas le féminin) : la revendication, les reproches, les critiques, les plaintes, la justification, la haine, l'attitude de victime, le contrôle, l'exigence, le mépris, le sentiment d'infériorité, la jalousie.

- Ce qu'est le féminin bien positionné (ce qu'est le féminin) : l'accueil, l'ouverture, la joie, l'initiation, la liberté d'être, l'appréciation, le cœur ouvert, l'intuition, la justesse, la douceur, la fermeté, la droiture, la réceptivité, la sensibilité, la guidance, la générosité, le partage, l'amour.
- Ce qu'est le masculin mal positionné : l'autorité, la contrainte, le despotisme, la violence, la haine, la vengeance, le sentiment de supériorité, le manque de respect, l'égoïsme, la rigidité, la possession.
- Ce qu'est le masculin bien positionné : l'écoute, l'affirmation tranquille, le calme, la paix intérieure, le centrage, la concentration, la protection, l'action, la construction, la franchise, la détermination, la discipline, le sérieux, l'implication.

Il est temps que les femmes et les hommes reviennent en eux-mêmes pour repositionner leur féminin et leur masculin. Ainsi, ils pourront œuvrer ensemble pour la création d'un monde harmonieux, chacun étant dans sa polarité.

J'accompagne les femmes sur ce chemin qui va d'une féminité faible ou revendicatrice à une féminité fière, affirmée, aimante et libre. Chaque femme a le droit d'être pleinement heureuse et épanouie. Cet épanouissement rejaillit sur tout son environnement.

Les hommes font le monde et les femmes font la vie.

Comment réussir sa vie en étant pleinement connectée à son féminin ? Pour répondre à cette interrogation, j'ai structuré ce livre en neuf chapitres.

Le premier est destiné à clarifier l'enjeu d'aujourd'hui pour les femmes et à faire le point sur leurs désirs dans tous les domaines de leur vie.

Le deuxième chapitre invite à aimer son image de femme. Beaucoup de femmes dépensent une énergie incroyable pour ressembler à quelqu'un d'autre. Il est inutile, voire destructeur de passer son temps à critiquer sa bouche, sa taille ou la couleur de ses yeux. J'encourage les femmes à faire la paix avec leur image extérieure une fois pour toutes et à apprécier la personne merveilleuse qu'elles sont.

Le troisième chapitre propose de mieux communiquer. À quoi cela sert-il d'être des femmes formidables si nous ne créons pas des liens harmonieux avec notre environnement ? Les femmes sont des êtres de lien, c'est fondamental pour elles. Or, parfois, elles abîment ce lien par des remarques blessantes ou acerbes, générées par leur émotionnel. Il existe une forme de communication qui n'accuse pas, qui ne reproche pas, qui ne dévalorise pas. Elle consiste à parler de soi et non sur l'autre. Exprimons notre pouvoir de femme avec sagesse en apprenant à demander, à refuser, à faire des compliments et à en recevoir.

Le quatrième chapitre demande aux femmes d'apprendre à prendre soin d'elles-mêmes. Les femmes ont été éduquées dans l'idée de prendre soin des autres. Or, pour bien prendre soin des autres, il est nécessaire de prendre d'abord bien soin de soi. Je propose aux femmes de remplacer le devoir par l'envie, le plaisir et la détente. Je les invite à écouter leur cœur plutôt que leur raison, sinon elles risquent de se créer beaucoup de stress et de passer à côté de leur vie.

Le cinquième chapitre invite les femmes à prendre leur place au travail. Oui, nous pouvons être pleinement femme, et en même temps professionnelles. Les femmes peuvent développer davantage leur confiance en elles, pour occuper des postes à responsabilités ou exercer une activité idéale. Peu de femmes osent créer leur entreprise. Pourtant, elles ont toutes les capacités pour le faire : l'organisation, le dynamisme, l'attention aux détails, la vision claire, la capacité de créer des liens et bien d'autres qualités encore.

Le sixième chapitre incite les femmes à réussir leur vie amoureuse. Les femmes sont nées pour aimer et pour inspirer l'amour, leur cœur est destiné à être grand ouvert. Les aléas de la vie font qu'il se ferme parfois. Choisissez vos relations à partir d'un élan du cœur et non par peur de rester seules ou de ne pas être importantes. Ainsi, vous sortirez de la dépendance affective et des jeux de pouvoir. Chaque femme a le droit de vivre une relation amoureuse épanouie.

Le septième chapitre met l'accent sur les qualités féminines. Il existe des sociétés dotées de rituels pour passer du statut de jeune adolescente à celui de femme. Nous ne savons plus ce que c'est que d'être une femme. Reconnectons-nous à ces belles qualités féminines de beauté, d'ouverture de cœur, d'accueil, d'inspiration, de connexion spirituelle, de fantaisie, de liberté, de sensualité et amplifions-les.

Le huitième chapitre implique une exploration de la créativité. Les femmes sont créatives par excellence. Elles créent la vie et sont initiatrices de bien des idées nouvelles allant dans le sens du bien-être et de l'épanouissement. Prisonnières d'un rythme effréné, soumises aux diktats de la société, les femmes ne savent plus se connecter à leur partie instinctive, en lien avec la nature. Alors, elles surinvestissent leur fonction de mère ou de professionnelle. Femmes, donnez de la place à vos créations dans tous les domaines de votre vie, le monde vous en remerciera. Il suffit parfois d'allumer une étincelle pour retrouver la flamme de la créativité au fond de soi, peut-être endormie, mais jamais disparue.

Le neuvième chapitre vous aidera à passer à l'action. C'est une caractéristique de notre partie masculine. Notre féminin rêve, écoute son intuition, accueille, crée, invente, mais tout cela reste à l'état de projets si nous ne connectons pas notre part masculine qui pose des actes. C'est là toute la beauté d'une vie heureuse au quotidien : agir dans le sens de nos désirs ! Cela demande de s'engager à réaliser ses rêves et ses projets et à agir dans ce sens. C'est ainsi que nous créons notre vie jour après jour, une vie que nous aimons et dans laquelle nous exprimons le meilleur de nous-mêmes.

C'est la mission des femmes d'aujourd'hui : réaliser leurs rêves, oser réussir leur vie, prendre leur place. Le monde de demain en a besoin, afin de pouvoir devenir un monde plus heureux.

Ce livre est destiné aux femmes désireuses de créer une vie dans laquelle elles se donnent le droit d'être heureuses et de vivre comme elles l'entendent. Cela est tout à fait compatible avec le fait de prendre soin des autres, de créer l'harmonie autour de soi et de partager la douceur et l'amour.

Ce livre est également destiné aux hommes, qui aiment leur femme, qui aiment les femmes et qui ont envie de les comprendre, de les accompagner, de les soutenir, de les protéger et de sentir la vie vibrer en elles.

Un dernier point important : dans cet ouvrage, je parle souvent des femmes en général et parfois je catégorise pour les besoins du propos. Si vous vous reconnaissez dans un type de comportement, tant mieux. Si vous ne vous reconnaissez pas dans une description, oubliez-la, ou regardez si cela peut aider une de vos amies qui, elle, correspond à ce stéréotype. Heureusement, au-delà des généralités, nous sommes toutes différentes et uniques.

Bonne lecture !

CHAPITRE I

L'enjeu pour les femmes

« Le meilleur âge pour une femme commence lorsqu'elle cesse d'espérer que son bonheur provienne d'un homme ou d'une personne extérieure, lorsqu'elle ressent de l'amour-propre, du respect pour elle-même et qu'elle ne perd sa dignité pour personne, même si cela sous-entend de rester seule. »

Karla Galleta

1. UN TRIPLE ENJEU

L'enjeu pour une femme aujourd'hui est triple :

- Prendre sa place de femme en s'autorisant à vivre pleinement, à réaliser ses rêves et ses envies, à entreprendre, à vivre une vie qui lui ressemble, tout en étant féminine, en lien avec sa sensibilité, son intuition et son cœur.
- Apporter du féminin dans ce monde qui s'est bâti sur l'innovation technologique, la compétition, l'individualisme, la possession de biens matériels et le pouvoir.
- Réconcilier le masculin et le féminin, que ce soit à l'intérieur de soi ou dans les relations interpersonnelles. Que l'on soit femme ou homme, nous avons à la fois du féminin et du masculin à l'intérieur de nous. Cette harmonie entre les deux polarités apporte l'équilibre au quotidien. Les énergies féminines et masculines sont différentes et complémentaires. Quand la femme et l'homme œuvrent ensemble, ils créent un monde où il fait bon vivre.

À travers ce livre, un parcours vous est proposé afin de répondre à ces enjeux et de vous investir en tant que femme dans la cocréation d'un monde meilleur.

Dans les ateliers de développement personnel, les femmes sont présentes en majorité, car elles sont reliées à leur source et elles se sentent appelées à s'éveiller et à évoluer. Les femmes sont des initiatrices.

Les hommes font le monde,
les femmes font la vie !

Les femmes mettent au monde des enfants, elles sont porteuses de vie sur la planète. Le mode de vie moderne est de plus en plus déconnecté de la nature et des instincts. Il est essentiel aujourd'hui de remettre la vie au centre, de mettre du cœur dans nos vies. Quand elles sont dans leur féminin, les femmes peuvent engendrer une véritable révolution dans le monde, la révolution de l'amour et du cœur.

Le défi proposé ici à chaque femme est donc à la fois personnel et planétaire.

Prenons tout d'abord le temps de nous poser cette question : qu'est-ce que c'est que d'être femme ?

2. ÊTRE PLEINEMENT FEMME

Quand j'étais enfant, je rêvais d'être un garçon, cela me semblait tellement plus facile et plus puissant que d'être une fille. Je suis née dans une société où les hommes avaient le pouvoir sur bien des plans. Je voulais tout faire comme mes congénères masculins : courir aussi vite, être aussi forte qu'eux, m'exprimer comme eux, avoir les mêmes droits. Adulte, j'ai continué à observer les hommes, à me comparer, à les imiter, à les copier, notamment en entrant dans le monde du travail. Malgré le fait que j'étais en couple et que j'avais des enfants, je fonctionnais la plupart du temps sur un mode masculin. À ce rythme-là, je me suis épuisée. Je me levais le matin avec le sentiment de ne plus savoir qui j'étais, ni ce que je voulais, tellement j'avais l'impression de m'être laissé emprisonner dans des rôles de maman, de compagne, d'amie, de sœur, de professionnelle… J'ai compris que j'étais complètement déconnectée de ma féminité.

Être pleinement femme, c'est aimer être femme et avoir
la certitude qu'être une femme est un atout dans la vie.

Être pleinement femme, c'est se connecter à ses qualités féminines : l'ouverture du cœur, l'empathie, l'intuition, l'attention aux autres, l'amour, l'accueil, la maternité, la liberté, la fantaisie, la joie.

Être femme, c'est consacrer du temps à ÊTRE au lieu de FAIRE ! Pour se relier à sa féminité, l'un des meilleurs moyens consiste à partager des moments entre femmes.

3. LA SORORITÉ

Ce terme, qui peut sembler barbare, est l'équivalent de la fraternité pour les hommes. La sororité désigne la solidarité, l'entraide, la reconnaissance, le soutien entre les femmes. Souvent, les femmes se rapprochent d'autres femmes ayant des vécus similaires ou ressentant les mêmes émotions face à la vie. Ces affinités font qu'elles se sentent presque de la même famille. Il m'arrive parfois de dire à une femme que je viens de rencontrer : « Toi, tu es ma sœur », tellement je ressens de connivence, de complicité, de résonances, de liens invisibles.

Témoignage de Lucie :

« Enfant, j'avais juste une meilleure amie fille, les autres, je m'en méfiais. J'avais toujours le sentiment d'être jugée ou que les autres filles se moquaient de moi. C'est quand j'ai eu mon premier enfant que j'ai commencé à me créer un cercle d'amies mamans. J'ai pris depuis l'habitude de participer à des soirées entre femmes. Je me sens ensuite pleine d'énergie, je me sens comprise, valorisée, en harmonie avec les autres. Pour moi, ces liens entre femmes sont à la fois un soutien psychologique et une détente dans un quotidien surchargé par le travail et les enfants encore petits. »

Quand les femmes se retrouvent entre elles, soient elles se jalousent, se critiquent, se comparent, soit elles rient, se confient, vivent de l'empathie. Il s'agit là bien sûr de deux extrêmes possibles.

Quand les femmes seront solidaires entre elles, le monde changera.

L'habitude de se comparer aux autres femmes nous est inculquée depuis notre enfance : « Miroir, miroir, suis-je la plus belle ? » Comme si le bonheur de chaque femme était à ce prix !

Je vous invite à tisser des liens entre femmes, des liens de cœur. Le but n'est pas de prendre du pouvoir sur l'homme, mais d'apporter du féminin dans ce monde. Retrouvons-nous entre femmes pour nous relier à notre féminité profonde.

Dans certains pays, il existe des rituels de femmes et des rituels d'hommes, car il est important pour chacun de prendre régulièrement du temps avec des personnes du même sexe. Aussi passionnante, nourrissante, aimante que soit la relation entre un homme et une femme, elle ne pourra jamais tout apporter.

Réhabilitons cette tradition de créer des cercles de femmes, pour nous exprimer en pleine liberté, pour partager notre vécu, pour nous soutenir, pour nous encourager, pour nous découvrir, pour être au plus près de nous-mêmes. Il est étonnant de voir à quel point l'atmosphère est différente selon que l'on est entre femmes ou qu'il y a une présence masculine. En présence d'hommes, la séduction entre souvent en scène.

Les femmes entre elles se sentent libres d'être elles-mêmes.

Il est passionnant dans ces cercles de toucher à la fois ce qui relie les femmes entre elles et ce qui fait que chaque femme est unique. Chaque femme arrive au monde avec son lot de croyances transmises de femme en femme à travers les générations précédentes. Les femmes ne sont pas toujours conscientes de leur valeur, de leur force, de leur puissance. Le fait de participer à des groupes de femmes leur permet d'accoucher les unes des autres, de renaître à elles-mêmes, dans l'alliance de l'actif et du réceptif.

4. CE QUE DÉSIRENT LES FEMMES

Souvent, les femmes ne sont pas conscientes de ce qu'elles veulent pour elles-mêmes.

Est-ce parce qu'elles ont été tellement conditionnées à répondre aux attentes et aux désirs des autres ? Est-ce parce qu'elles ne sont pas habituées à exprimer ce qu'elles ressentent profondément, ou qu'elles n'osent pas ? Ou bien est-ce parce qu'elles ont peur de leur désir, comme si elles libéraient un cheval sauvage ? Sûrement un peu tout à la fois.

Qu'est-ce qui fait que quand un homme et une femme roulent sur une autoroute, la femme demande à l'homme : « Tu n'as pas envie de t'arrêter à la prochaine aire de repos ? » quand elle ressent l'envie de faire une pause, alors que l'homme, dans la même situation, dira : « J'ai faim, je m'arrête pour manger un sandwich. » D'autant plus que l'homme, ne voyant pas qu'il y a un besoin non exprimé, risque de répondre « Non, je n'ai pas envie de m'arrêter » et qu'alors la femme pourra se sentir incomprise.

Il est important que les femmes apprennent à s'exprimer pleinement et librement.

Certaines femmes ont perdu le sens de leur vie personnelle. Seules, elles ne savent plus où se diriger. Il appartient aux femmes de devenir autonomes et de reprendre leur pouvoir de décision. Oui, c'est possible d'être à la fois performante dans son travail, de faire sa part de tâches ménagères, de créer l'harmonie dans la maison, de donner de l'amour aux enfants, d'être une compagne et une amante attentionnée et de prendre soin de soi. Nombreuses sont les femmes qui ont la sensation d'avoir une dizaine de bras, comme la déesse hindoue Shiva. Elles font, réalisent, exécutent plusieurs choses à la fois et ont justement oublié qu'elles sont des déesses.

Savoir ce qu'elles veulent implique que les femmes prennent du temps d'introspection, de pause, de repli pour sonder leur cœur, puis qu'elles expriment leurs désirs profonds avec ce mélange de force et de douceur qui n'appartient qu'à elles.

EXERCICES

Exercice 1 : Se positionner sur la Roue de la Vie

Quelle que soit la transformation que vous désirez dans votre vie, la première étape consiste à faire un bilan de la situation actuelle. Pour aller du point A au point B, il est fondamental d'identifier ce qui est présent au point A. Vous ne pouvez changer une situation en la fuyant, la première étape du changement étant l'acceptation de ce qui a lieu à l'instant présent.

Nous avons toutes besoin de souffler, de nous arrêter, de faire des pauses, de prendre des temps de réflexion, pour faire le bilan de nos vies d'aujourd'hui et pouvoir ainsi choisir la direction que nous prendrons demain.

Le bilan que je vous propose s'appelle «la Roue de la Vie». Il consiste à identifier votre niveau de satisfaction actuelle dans huit domaines de votre vie:

- Votre lieu de vie, l'endroit où vous habitez principalement: êtes-vous globalement heureuse de vivre dans cet endroit?
- Votre activité professionnelle: vous épanouissez-vous dans votre travail actuel?
- Votre abondance financière: la quantité d'argent que vous attirez vous permet-elle d'acheter tout ce dont vous avez envie et besoin?
- Votre santé et votre niveau de vitalité: votre santé est-elle excellente avec un haut niveau de vitalité?
- Vos relations familiales et amicales, en fait vos relations autres que votre relation amoureuse: êtes-vous satisfaite de leur qualité?
- Votre couple: êtes-vous satisfaite de votre vie amoureuse, vivez-vous la relation idéale pour vous?
- Votre développement personnel, dans lequel on peut inclure la spiritualité et la contribution que vous apportez au monde: estimez-vous consacrer suffisamment de temps à vous améliorer, à évoluer, à devenir la meilleure version de vous-même, à aider les autres sur leur chemin?
- Le temps pour vous, vos loisirs, les moments de détente, de ressourcement: vous accordez-vous régulièrement des espaces pour prendre soin de vous, pour ressourcer à la fois votre corps et votre esprit, pour vous faire plaisir?

La Roue de la Vie est composée de dix cercles et des huit domaines décrits précédemment. Associez un chiffre à chaque cercle, 1 pour le cercle le plus petit, 2 pour le suivant, et ainsi de suite, jusqu'à atteindre 10 pour le cercle le plus grand. Pour chacun des huit domaines, inscrivez un point à l'intersection entre la ligne du domaine et un des cercles concentriques. Ce point correspond à votre niveau de satisfaction actuelle dans le domaine concerné par rapport à votre niveau idéal. Plus le niveau est élevé, plus le point est sur un cercle extérieur, et plus vous êtes satisfaite de ce que vous vivez aujourd'hui. Reliez ensuite chacun des points pour constituer une espèce de toile d'araignée qui sera une photographie de votre situation actuelle. Plus vous êtes satisfaite de votre vie et plus les points sont placés à l'extérieur du cercle et réciproquement.

La Roue de la Vie

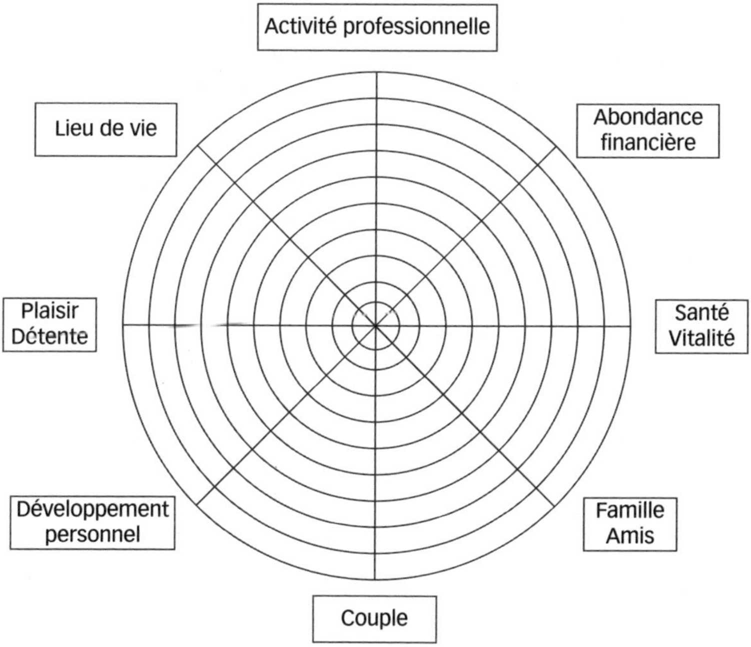

L'objectif est double : prendre conscience de votre situation présente, puis décider ce que vous désirez pour l'avenir dans chacun de ces aspects. Nous avons toutes envie d'évoluer, de prendre un chemin qui nous amène à dix dans chaque domaine de notre vie. Le but de notre vie n'est-il pas d'être pleinement heureuse et épanouie ?

Il est important de vous employer à harmoniser les différentes dimensions de votre vie au lieu d'en privilégier certaines au détriment d'autres : le fait de ne pas être épanouie dans un domaine va, à long terme, avoir une influence sur l'ensemble.

Cette Roue de la Vie n'est jamais figée, elle évolue au fil des changements qui surviennent inéluctablement au cours d'une vie. Par exemple, à la suite d'une rupture amoureuse, votre degré de satisfaction dans le domaine du couple pourra régresser de neuf à un.

Votre perception de votre état de satisfaction actuelle évolue avec le temps et avec votre vécu.

Nous reprendrons cette Roue de la Vie au dernier chapitre. Il s'agira alors de prendre des décisions et de poser des actes dans la durée afin d'élever le niveau de satisfaction et de bonheur dans nos vies.

Exercice 2 : Écrire ses intentions

Il est prouvé que vous avez beaucoup plus de chance de réaliser vos objectifs si vous les écrivez. Grâce à l'exercice précédent de la Roue de la Vie, vous avez effectué un bilan de votre vie actuelle. Certains domaines sont satisfaisants tandis que d'autres sont à améliorer ou à transformer.

Prenons par exemple un domaine de votre vie où vous avez noté 2 : comment devrait être ce domaine pour que vous ayez envie d'écrire une note égale ou proche de 10 ? Supposons que ce soit le domaine du développement personnel et qu'aujourd'hui vous lui consacriez relativement peu de temps, compte tenu de vos engagements par ailleurs. Vous avez suivi quelques conférences, vous avez acheté des livres qui finalement dorment dans votre bibliothèque. Peut-être avez-vous participé à un atelier ici ou là ?

Globalement, vous n'êtes pas vraiment satisfaite de votre investissement ni de votre évolution dans ce domaine. Pourtant, vous sentez en vous cette aspiration à évoluer, à grandir, à comprendre, à vivre quelque chose de plus grand. Dans ce cas, prenez votre liste d'intentions et dans la rubrique développement personnel, écrivez les intentions qui vous rapprocheront du niveau de satisfaction idéal souhaité.

Par exemple :

- En face de situations conflictuelles, je reste en paix.
- Je suis à l'écoute de mon ressenti, afin de le partager de la manière la plus juste possible avec mon interlocuteur.
- J'ai des pensées positives la plupart du temps.
- Je suis capable de pardonner quand je me sens blessée.
- Je vois et j'accueille avec conscience les cadeaux de la vie.

- Je cultive des relations aimantes et respectueuses avec mes proches.
- Je me fais accompagner par un coach pour augmenter mon estime personnelle.

Écrivez le résultat que vous désirez obtenir, sans songer à une quelconque échéance. Remplacez l'impatience par la confiance.

Ce travail d'introspection demande du temps, du calme, du silence et de la sérénité. Notez sur votre agenda ce rendez-vous avec vous-même. En plus du moment adéquat, je vous invite également à choisir une pièce dans votre lieu de vie dans laquelle vous vous sentez particulièrement détendue, ou un endroit extérieur apaisant pour vous. Soyez sûre d'être libre de toute sollicitation extérieure.

Avant d'écrire vos intentions, je vous invite à débrancher votre téléphone et à vous isoler en vérifiant que vous ne serez pas dérangée. Peut-être aurez-vous envie d'allumer une bougie ou de mettre une musique douce ; choisissez l'environnement qui vous convient le mieux, vous seule pouvez décider de cela. Afin que votre esprit soit clair, faites trois respirations profondes, puis étirez votre corps afin que l'ensemble de votre être participe à ce processus. Enfin, laissez-les mots courir sur la feuille, sans vous censurer, sans vous juger. Laissez votre âme s'exprimer librement. Je vous laisse entrer en vous-même et savourer cet instant d'intimité totale avec votre être profond.

Comment est-ce que je veux me sentir à l'issue de ces deux mois dans les domaines suivants :

Estime personnelle

– ....

– ....

– ....

Santé et vitalité

– ....

– ....

– ....

Relation amoureuse

– ....

– ....

– ....

Famille

– ....

– ....

– ....

Amis

– ....

– ....

– ....

Vie professionnelle

– ....

– ....

– ....

Loisirs

– ....

– ....

– ....

Développement personnel, vie spirituelle

– ....

– ....

– ....

Autre

– ....

– ....

– ....

Exercice 3 : Phrases affirmatives

Je suis une femme merveilleuse.

Je sais ce que je veux dans tous les domaines de ma vie.

J'harmonise le féminin et le masculin en moi.

J'adore être une femme.

J'aime la compagnie des autres femmes.

Être une femme est une chance.

Je décide d'exprimer toutes mes facettes de femme.

Toutes les femmes sont mes amies.

J'aime me sentir femme.

J'affirme mon pouvoir de femme avec sagesse.

Je me donne la première place dans ma vie.

Je prends ma place de femme avec fluidité.

Plus je suis femme, plus je suis moi.

Mon masculin et mon féminin m'élèvent chaque jour davantage.

J'avance dans ma vie en étant connectée à mon féminin.

Je suis une femme libre.

Je sais ce que je veux dans ma vie.

Plus j'exprime mon féminin, plus je réussis.

Ma vie de femme est une réussite.

Je suis fière d'être une femme.

Je me sens en paix avec le féminin et le masculin en moi.

CHAPITRE II

Aimer son image

L'image de soi est constituée de son image extérieure physique et de son image intérieure mentale, émotionnelle et spirituelle.

1. FAIRE LA PAIX AVEC SON IMAGE EXTÉRIEURE

En tant que femmes, nous sommes très influencées par les critères de beauté en vigueur à l'instant T. C'est le fameux «Sois belle et tais-toi». Eh oui, une femme incarne la beauté ! Les femmes sont belles, elles apportent de la beauté dans ce monde. Par leur présence et par le soin qu'elles apportent dans la mise en valeur de leur personne, elles embellissent la vie.

En tant que femme, vous avez deux temples :

1. Votre lieu de vie, que vous aménagez à votre image. Les femmes font le nid. Il est vital que vous vous sentiez joyeuse et paisible quand vous êtes chez vous. Votre maison (ou votre appartement) est votre territoire et également votre lieu de ressourcement dans un monde qui est par ailleurs source de nombreux stress.
2. Votre corps, celui que vous avez dans cette vie. Votre corps est extraordinaire, il est capable d'accomplir plus de tâches que l'ordinateur le plus performant. Même quand vous dormez, vos ongles et vos cheveux poussent, votre cœur bat et vous respirez en permanence. Aimez et chérissez votre corps. La plupart des femmes n'aiment pas leur corps, car il ne ressemble pas aux critères de beauté en vigueur. Je vous le demande : qui a décrété que vous devriez être comme ceci ou comme cela pour être belle ? Et pourquoi le croyez-vous ?

Nous sommes belles, vous êtes belle, les femmes sont belles.

Arrêtons d'être dépendantes des images véhiculées par les magazines, apprenons plutôt à nous mettre en valeur et à prendre soin de notre corps. Deux caractéristiques sont à considérer : les aspects que l'on peut modifier et ceux que l'on ne peut pas transformer.

Les caractéristiques que l'on ne peut pas modifier

Il est temps d'accepter la forme de votre nez, votre taille, la couleur de vos yeux, la largeur de vos hanches, car vous n'avez pas d'influence sur cela. Accueillez votre corps tel qu'il est, aimez-le, chérissez-le, car il est formidable. Gardez votre énergie pour concrétiser vos projets au lieu de vous battre contre vos caractéristiques physiques. Il n'y a pas de corps idéal, il y a le vôtre, un point c'est tout. Décidez de faire définitivement la paix avec votre image. C'est une décision que je vous engage à prendre aujourd'hui même : « Je décide d'accepter, de remercier et de chérir mon corps. »

Témoignage de Béatrice :

« J'ai passé des années à me trouver moche, trop petite, trop ronde, mal proportionnée. Je ne regardais que ce que je trouvais laid chez moi. Puis, j'ai commencé à rencontrer des garçons qui m'ont trouvée belle. J'ai accompli un travail sur moi et j'ai commencé à changer mon regard sur moi-même, à devenir moins dure et moins exigeante envers moi-même. Aujourd'hui, je me sens globalement bien dans mon corps et dans ma tête. Je pense au temps et à l'énergie gaspillés à détester mon image pendant toutes ces années. Parfois, j'ai envie de dire à toutes les jeunes filles que je croise : "Aimez-vous, vous êtes belles." »

Les caractéristiques que l'on peut modifier

Pour les transformer et vous sentir bien dans votre corps, voici quelques conseils.

Bougez le plus souvent possible. Pratiquez un sport, à condition que vous ressentiez du plaisir en le faisant. Aujourd'hui, nous savons qu'il vaut mieux faire dix minutes d'exercice intense chaque jour, plutôt qu'un cours de gymnastique de deux heures le samedi après-midi.

En dehors des phases d'exercices ou d'entraînement, adoptez l'habitude du mouvement. Faites vos courses à pied ou à vélo, garez-vous loin de votre lieu de rendez-vous et continuez à pied, prenez l'escalier plutôt que l'escalator.

Personnellement, je travaille souvent debout devant mon ordinateur, qui est bien sûr posé à une hauteur adéquate, et je fais des exercices tout en travaillant. Cela suffit pour garder un corps dynamique et en pleine santé.

La marche est miraculeuse. Marchez le plus souvent possible, votre corps vous remerciera. Je recommande souvent aux femmes de mettre une musique qu'elles aiment et de se lâcher en dansant, afin de ressentir cette liberté profonde qui les habite. Non seulement vous vous faites plaisir et vous vous libérez en dansant, mais en plus vous brûlez des toxines et vous musclez votre corps. Vous n'avez plus d'excuses pour ne pas commencer à danser !

Consacrez du temps à vous assouplir. Plus vous êtes souple dans votre corps, plus vous êtes souple dans votre tête. De plus, en vieillissant, votre corps devient de plus en plus raide, et cela peut entraîner des douleurs. Pratiquez aussi souvent que possible des mouvements de yoga, d'étirement et d'assouplissement. Quelle que soit la position que vous avez habituellement, changez-en régulièrement. Toutes les quatre-vingt-dix minutes, étirez-vous, bâillez et respirez profondément pour oxygéner votre corps.

Hydratez-vous souvent et régulièrement. Notre corps est composé en moyenne de 65 % d'eau et nous avons besoin de boire beaucoup. Si nous avons soif ou que nos lèvres sont sèches, c'est que nous sommes déjà déshydratées. La meilleure boisson est l'eau, à température ambiante ou légèrement tiède. Prenez l'habitude d'avoir toujours une bouteille d'eau avec vous, sur votre lieu de travail ou dans vos déplacements, afin de vous hydrater tout au long de la journée.

Mangez sainement. Le fait de consommer une nourriture saine produit des effets sur votre santé, votre vitalité, votre moral, votre façon de penser, votre enthousiasme, votre joie de vivre. Plus vous aimez votre corps, plus vous avez envie de lui donner une nourriture de qualité. Pour vous sentir dans un corps plein de vie, mangez « vivant » le plus possible, donc le moins possible d'animaux, le moins possible de plats préparés, le moins possible de produits chimiques, le moins possible d'adjuvants, le moins possible de pesticides. Retrouvez le plaisir d'acheter vos légumes dans une ferme par exemple, ou sur le marché, puis de les préparer avec amour. Arrêtez de dire que vous n'avez pas le temps, prenez le temps d'être présente à vos mains et à votre cœur, cela nourrit aussi votre âme. J'en profite pour m'octroyer moi-même une pause et me concocter un jus de fruits et de légumes. À votre santé !

Parez-vous comme une déesse. Ce qui fait de vous une déesse, c'est d'avoir le sentiment d'être une déesse. Alors, rejetez vos épaules en arrière, redressez la tête, ouvrez votre cœur et votre poitrine, tenez-vous droite, comportez-vous comme si vous aviez une mission sacrée à accomplir dans ce monde.

Je pourrais résumer cette transformation par : mangez moins, bougez plus, détendez-vous toujours, souriez et vous serez belle de partout !

Les femmes ont une mission sacrée :
celle d'apporter la paix, l'amour et la joie dans le monde !

En vous incarnant en tant que femme, vous avez accepté cette mission. J'aime, avant une soirée, prendre le temps de me préparer, de laver mon corps, de l'enduire d'une huile odorante, de me maquiller, de choisir mes tenues, leurs couleurs, les tissus, les bijoux, les accessoires, comme si j'étais une vestale se préparant pour un rituel. La féminité se montre par le choix des vêtements, des couleurs et des tissus.

Si vous en sentez le désir, rencontrez un professionnel de l'image pour apprendre à rehausser votre beauté par la coiffure, les coupes, les accessoires… à condition de ne pas vous renier : il est question de vous mettre en valeur et non de jouer un rôle, cela, vous le faites suffisamment souvent !

Un équilibre est à trouver entre prendre soin de son image et être pleinement soi-même.

2. CULTIVER SON IMAGE INTÉRIEURE

Il est important de distinguer ce qui est inné chez vous de ce qui est acquis. Vous êtes née avec votre sensibilité, votre façon d'être et d'appréhender la vie. Puis, vous avez été éduquée, voire domestiquée, et vous avez appris des comportements, des stratégies devenues inconscientes, pour obtenir de l'amour. Vous êtes devenue passive, ou timide, ou peureuse, ou rebelle. C'est ce que l'on a fait de vous. À vous aujourd'hui de vous libérer de ces automatismes et de penser et d'agir en fonction de votre être profond.

Vous avez à la fois le droit et le devoir d'exprimer la meilleure version de vous-même. Nous sommes sur cette Terre pour évoluer tout au long de notre vie, afin de nous rapprocher de notre source et de nous éveiller de plus en plus. Nous sommes nées petites filles et nous avons pour mission de devenir pleinement femmes, de rayonner notre lumière de femmes. La maturité, que l'on soit homme ou femme, c'est quand nos pensées, nos paroles et nos actes sont cohérents. Dans notre société, nous manquons de rituels de passage, notamment pour devenir adulte. Cela prend beaucoup de temps pour devenir une femme responsable, affirmée et heureuse. Notre époque favorise les qualités masculines.

Pourtant, votre douceur, votre sensibilité et votre ouverture de cœur sont vos atouts pour créer la vie que vous aimez et peu à peu transformer le monde. Devenez cette femme qui ressent sa vulnérabilité et ose l'exprimer à partir de son féminin, sans critique, ni reproche ni émotivité excessive.

Par exemple :

- Vous êtes invitée à une soirée avec votre compagnon. Il y a beaucoup de monde et votre compagnon connaît la plupart des participants. Il va naturellement discuter avec eux et vous ne le retrouvez qu'à la fin de la soirée. Vous partagez avec lui votre ressenti en lui disant gentiment : « Je me suis sentie seule, j'aurais aimé que tu sois près de moi de temps en temps. »
- Un collègue vous dit : « Tes cheveux sont bizarres aujourd'hui. » Vous souriez et répondez : « Je prends cela comme un compliment ! »

Devenez cette femme libre, douce à l'extérieur et forte à l'intérieur, osez montrer votre force et votre fragilité, faites de vraies demandes, acceptez que l'on vous dise parfois non, exprimez vos idées et vos ressentis, même si l'autre peut se sentir jugé ou blessé.

Soyez douce à l'extérieur
et forte à l'intérieur !

Être douce à l'extérieur veut dire que vous mettez en avant vos qualités féminines de douceur, de bienveillance, d'ouverture de cœur, d'attention à l'autre. Forte à l'intérieur veut dire que vous ne prenez pas personnellement les émotions des autres, ni les critiques, que vous ne vous laissez pas déstabiliser par une parole blessante ou par une situation conflictuelle. Vous regardez en vous, vous prenez votre responsabilité, vous sondez votre cœur et vous exprimez votre ressenti avec douceur, affirmation et compassion.

Témoignage de Delphine :

« J'ai suivi avec bonheur les ateliers de Valérie, et quand elle a énoncé : "Soyez douce à l'extérieur et forte à l'intérieur", cela m'a bousculée émotionnellement. Depuis mon adolescence, je créais des liens facilement grâce à mon charisme, à mon dynamisme, je parlais fort, je riais aux éclats. Quand j'entrais dans une pièce, tout le monde me voyait et m'entendait. Les hommes étaient attirés par mon rayonnement comme les papillons sont attirés par la lumière. Je me montrais indépendante et autonome, je gérais ma vie, et parfois même je dirigeais les personnes autour de moi. Quand un homme me plaisait, je démarrais vite une relation. À partir de ce moment, je devenais une petite fille timide, n'osant pas m'exprimer, manquant de confiance en moi. J'avais tellement peur que mon compagnon découvre que je n'étais pas intéressante et qu'il me quitte. Finalement, mes relations ne duraient pas. Pendant l'atelier, j'ai compris que mon mode de fonctionnement était : forte à l'extérieur, faible à l'intérieur. Alors, j'ai entrepris ce chemin pour devenir beaucoup plus forte à l'intérieur, pour augmenter ma confiance en moi et pour m'aimer davantage. »

3. AIMER SA FÉMINITÉ

Vous êtes née femme, ce n'est ni bien ni mal ni mieux ni pire que d'être un homme : c'est, tout simplement. C'est un choix d'incarnation et il est vital de l'accepter. Peut-être que vos parents désiraient un garçon. Inconsciemment, vous avez répondu à leurs attentes, en vous habillant de façon masculine, en courant dehors avec les autres garçons, en parlant comme eux, en riant avec eux, bref vous êtes devenue un garçon manqué. Vous en avez oublié votre féminité ou pire, vous la rejetez. Ou bien peut-être que vous avez tout de suite adoré être une fille, vous déguiser en princesse et jouer à la poupée, emprunter les chaussures de Maman et vous maquiller. Entre ces deux extrêmes, la palette des possibles est large. Aujourd'hui, comment vous sentez-vous en tant que femme ? Ni notre éducation ni la société ne nous valorisent dans notre féminin. La plupart des femmes essaient de cacher leur corps plutôt que de montrer sa beauté. J'ai participé cet été à un atelier de femmes, nous étions une cinquantaine. En les observant, j'ai constaté que peu d'entre elles étaient féminines, que ce soit par leur aspect extérieur ou leur façon de bouger et de parler. J'ai l'impression que les femmes n'osent pas montrer leur féminité, par crainte de susciter le désir, de prendre leur place ou de se faire remarquer.

Témoignage de Patricia :

« Le passage de petite fille à femme est censé se faire à l'adolescence, et pour moi ce fut une période difficile, avec les premières règles qui font mal, le corps qui se transforme, les parents qui ne comprennent pas, les garçons pas toujours bienveillants, les rivalités entre filles, et les professeurs qui nous surchargent sans tenir compte du fait que l'on a déjà tout cela à gérer ! Je voyais les regards se transformer en se posant sur mon corps de femme. Comment être fière de ce corps en voyant qu'il attirait des désirs pas toujours "clairs" ? Heureusement que j'avais des amies avec qui parler de tout cela et rire ! Malgré cela, aujourd'hui encore, j'hésite à sortir dans la rue sans soutien-gorge, de peur que les gens voient mes seins pointer. »

Nous entendons de plus en plus parler de la femme sacrée ou de la femme sauvage, qui représente quelque chose de profond et d'instinctif à retrouver à l'intérieur de nous. Le principe féminin, que l'on soit homme ou femme, permet de sortir des jeux de pouvoir et de mettre du lien dans les relations et dans la vie. C'est ce principe féminin qui est à l'origine de toute forme de vie sur Terre.

Il est magnifique d'être une femme !

Les civilisations anciennes décrivaient la femme comme la « Porte du Ciel ». La femme est une échelle qui conduit au ciel. C'est sa mission spirituelle, c'est par elle que l'être humain peut retrouver la trace du divin.

Tu cherches le bonheur, trouve la femme.

La nature profonde de la femme est spirituelle. Aujourd'hui, à travers ses fonctions de mère, d'épouse, de femme qui travaille, elle s'éparpille et perd le contact avec elle-même. Renouez avec votre féminin sacré, avec votre capacité à aimer, à transformer le monde, à mettre du baume sur les blessures et à apporter la paix et la joie partout où vous allez.

En tant que femme, vous êtes un pont entre la terre et le ciel. Le ciel, ce sont vos aspirations, votre connexion au sacré, votre intuition, votre amour inconditionnel. La terre, c'est votre côté pratique, votre sens de l'organisation, la capacité à gérer des tâches simultanément, votre vision globale et votre sens du détail.

Revenons sur votre rapport à votre corps. Il est essentiel de le chérir, de l'aimer, d'en prendre soin. C'est votre maison, votre véhicule ; sans lui, vous ne pouvez rien faire. Plus vous vous sentirez en paix avec votre corps et plus vous serez en paix avec les autres.

J'ai déjà parlé de l'importance de bouger son corps, de faire des pauses et de s'alimenter sainement et énergétiquement. Une autre façon concrète de chérir son corps consiste à choisir des vêtements, des accessoires, un maquillage, une coupe de cheveux qui vous mettent en valeur. Un vêtement ne sert pas uniquement à nous protéger du froid, c'est un révélateur de notre nature profonde, c'est une carte de visite qui nous décrit. Certaines tenues procurent des sentiments d'harmonie et de bien-être immédiats.

Témoignage de Corinne :

« Depuis toujours, j'avais l'habitude de m'habiller en pantalon parce que cela me semblait plus simple et plus pratique. C'est aussi parce que je n'osais pas porter de robes. J'avais l'impression de me déguiser et d'être moins à l'aise. Dans ce travail sur la féminité, j'ai sorti de mon armoire une belle robe que j'avais achetée deux ans auparavant et que je n'avais jamais portée. Peu à peu, je me suis habituée à aimer son mouvement autour de mon corps, le tissu doux et fluide, et aussi les regards admiratifs et les compliments qui ont accompagné cette transformation. Maintenant, je choisis, robe ou pantalon, selon l'activité prévue. J'avoue que je me sens plus femme quand je mets une robe. Je prends plaisir à rechercher les couleurs et les matières que j'aime, comme une fine dentelle bordant un vêtement. »

Trouvez votre propre style. La parure doit sublimer votre beauté naturelle et ne pas devenir un déguisement pour ressembler aux images de mode. La femme a cette chance de pouvoir s'habiller comme elle le désire et d'avoir un choix immensément varié. Alors, prenez le temps de tester ce qui vous va et, au besoin, faites-vous aider pour cela !

EXERCICES

Exercice 1 : Faire sa liste d'appréciation

« Tu vaudras aux yeux des autres ce que tu vaux à tes yeux. »
Talmud

Les femmes sont soumises à des diktats exigeants de la part de la société. Tant qu'elles essaient d'y correspondre, elles se remettent en cause constamment. Elles se focalisent sur ce qui ne va pas chez elles, en permanence.

Vous ne pouvez espérer recevoir de l'amour si vous ne vous aimez pas. C'est comme demander : « Aimez-moi, car moi j'en suis incapable ! » Cet exercice vous invite à vous focaliser sur vos aspects positifs. Je vous propose de commencer une collection de qualifications positives, de compliments, d'appréciations, de félicitations. Quand vous commencerez une telle collection, inconsciemment vous aurez envie de la continuer, de la faire croître, de l'agrandir. Alors, démarrez cette collection maintenant en faisant une liste d'appréciation en dix points. Il est évident que cette liste n'est pas exhaustive, car elle est infinie.

Choisissez de vous focaliser sur ce que vous aimez dans votre apparence physique. Vos yeux – tous les yeux sont beaux –, peut-être votre bouche, ou vos épaules, votre poitrine, vos jambes. Peu importe, choisissez de ne regarder que cela, et d'en être fière et heureuse, tout au moins satisfaite.

Votre image intérieure est un condensé de tout ce que vous avez entendu sur vous étant enfant. Si vous ne faites pas un travail de conscience pour la transformer, vous la conserverez toute votre vie. Qui a dit que vous étiez timide, maladroite ou empotée ? Vous n'êtes pas cela ! Là aussi, choisissez de vous focaliser sur les aspects que vous aimez chez vous. Pour les autres, décidez de les transformer un par un. Prenez cela comme un jeu, le jeu du développement personnel. Aimez grandir et vous améliorer. C'est ce que vous accomplirez au cours de ce processus de huit semaines.

Si vous avez des difficultés pour démarrer cette liste, voici quelques idées. Je suis sûre que vous êtes sympathique, courageuse, performante, organisée, amicale, spontanée, charmante, coquine, joyeuse. Non, vous ne l'êtes pas tout le temps. Il vous suffit de l'être de temps en temps pour que cela soit une de vos qualités. Alors, soyez douce avec vous-même et reconnaissez-vous enfin des qualités. C'est désormais ce que vous allez regarder.

Ma liste d'appréciation

Mon image extérieure

1

- ....
- ....
- ....

2

- ....
- ....
- ....

3

- ....
- ....
- ....

4

- ....
- ....
- ....

5

- ....
- ....
- ....

Mon image intérieure

6

- ....
- ....
- ....

7

– ....

– ....

– ....

8

– ....

– ....

– ....

9

– ....

– ....

– ....

10

– ....

– ....

– ....

Exercice 2 : Féminiser son image

Je vous propose ici une visualisation pour ressentir les énergies féminine et masculine : nous nous réalisons pleinement lorsque nous équilibrons ces deux énergies en nous. Nous avons besoin du féminin et du masculin. Prenons pour exemple un nouveau projet : votre partie féminine va en rêver, l'imaginer, voir les détails de chaque étape, et votre partie masculine va construire, agir, mettre en œuvre et réaliser ce projet dans la matière.

Je vous invite à vous installer confortablement dans un lieu où vous ne serez pas dérangée, à fermer les yeux et à prendre trois respirations profondes, tout en détendant tout votre corps. Pour cela, imaginez que vous vous trouvez dans un endroit que vous appréciez particulièrement, un jardin luxuriant ou une plage bordée de cocotiers. Commencez par ressentir l'énergie féminine. Visualisez que vous vous déplacez avec grâce et élégance, que vous parlez avec une voix douce, que vous souriez. Pour accentuer cette sensation de féminité, imaginez que vous portez une robe dans laquelle vous vous sentez pleinement femme. Voyez sa couleur, sentez sa matière autour de votre corps. Imaginez vos bijoux, votre coiffure, vos accessoires qui rehaussent cette partie féminine en vous. Gardez en mémoire cette sensation. Puis, visualisez que vous ôtez cette robe, prenez une grande respiration et revenez au centre de vous.

Ressentez maintenant l'énergie masculine. Votre façon de parler est affirmée, vous vous voyez marcher d'un pas décidé, vous agissez avec détermination. Quel vêtement portez-vous, de quelle couleur, en quelle matière ? Ressentez ce vêtement sur vous. Puis, enlevez-le et respirez profondément.

Nous allons terminer en ressentant l'énergie neutre. Vous vous voyez agir de façon neutre, ni féminine ni masculine. Imaginez que vous portez un vêtement dans lequel vous ne vous sentez ni féminine ni masculine. Imaginez sa couleur, sa texture, sa forme. Gardez cette sensation, puis respirez amplement trois fois et ouvrez doucement les yeux.

Refaites cette visualisation de temps en temps. Les couleurs des vêtements associées à chaque énergie peuvent changer.

Pour vous sentir plus féminine, portez davantage la couleur qui vous est venue à l'esprit pendant cette visualisation. Ne choisissez pas forcément l'ensemble de votre tenue dans cette couleur, cela pourra être une écharpe ou un ruban dans vos cheveux ou un collier, qui vous incitera à vous relier à l'énergie féminine en vous.

Sélectionnez dans votre garde-robe les accessoires qui vous font vous sentir femme : maquillage, châles, écharpes, barrettes. Chez vous, féminisez votre intérieur, ou votre pièce, à l'aide de tissus, de coussins, d'objets et de rideaux. Même en vivant en famille, ayez un endroit bien à vous où vous exprimez ce féminin.

Il fut un temps où les femmes avaient l'habitude de porter des chapeaux. La coiffure magnifie également la femme. Aujourd'hui, nous privilégions le côté pratique de nos tenues en oubliant d'ajouter cette touche de féminité qui nous va si bien. C'est un magnifique rituel que de se parer et de se préparer. Quand vous activez votre essence féminine, vous rayonnez intensément. J'adorais quand mes enfants étaient petits et qu'ils me disaient avant que je sorte le soir : « T'es belle, Maman ! » Vous allez vous sentir en harmonie avec vous-même et donc avec votre environnement en transformant positivement votre image de vous-même. Cela va attirer beaucoup d'amour et d'appréciation autour de vous, dans tous les domaines. Trouvez ce qui vous convient pour vous sentir féminine, tout en étant authentique. Peu importe ce que les autres pensent, sentez-vous femme et montrez-vous !

Chaque seconde est unique dans votre vie, faites-vous belle, sentez-vous belle et apportez cette beauté au monde. Votre beauté n'est pas uniquement extérieure, elle se voit dans le sourire, dans la douceur, dans la délicatesse et la grâce. J'aime ce mot, « grâce », le dictionnaire le définit comme un charme indéfinissable.

Que décidez-vous aujourd'hui d'entreprendre pour vous relier davantage à votre essence féminine ? À nouveau, je vais vous demander de prendre un stylo, car dès que vous écrivez, votre corps se met en mouvement et votre implication en est augmentée.

Qu'est-ce que je décide de mettre en place pour me sentir féminine ?

Transformer ma garde-robe, prendre rendez-vous chez le coiffeur, me préparer un jus de fruits ou de légumes chaque jour, m'inscrire à un cours de chant pour travailler ma voix ou de danse pour avoir un corps plus fluide, ou m'inscrire à un atelier créatif ?

....

....

....

....

....

....

....

....

....

....

....

....

....

Exercice 3 : Affirmations positives

Je m'aime telle que je suis.
Je m'aime de plus en plus.
J'aime mon image.
J'adore me regarder dans une glace.
Mes yeux sont magnifiques.
Je rayonne de beauté intérieure et extérieure.
Je vois la beauté en moi et autour de moi.
J'aime mon être intérieur.
Je suis la plus belle rencontre de ma vie.
Je suis ma meilleure amie.
Je reconnais ma valeur.
Je suis digne d'être aimée et appréciée.
Je suis fière de moi.
Mon corps est merveilleux.
J'aime mon corps sensuel et rayonnant.
Je suis belle à l'intérieur comme à l'extérieur.
Je suis fière de mon corps et j'en prends soin.
J'aime mon corps.
Je suis pleine de reconnaissance pour mon corps.
Mon corps est en pleine santé.
J'aime ma sensualité et ma façon d'être.
Je possède un monde intérieur infiniment riche.
Je suis belle dehors et dedans.

Chapitre III

Communiquer autrement

« Je suis ici pour m'exprimer. »
Émile Zola

1. LE BESOIN DE LIEN CHEZ LES FEMMES

Les femmes ont besoin de partager leur monde intérieur. Un des plus grands besoins de la femme est d'être comprise, et cela se fait essentiellement au travers de la parole. Nous pouvons cependant être parfois très maladroites dans notre communication, car nous n'avons pas appris à communiquer. En l'occurrence, nous reproduisons souvent la façon de s'exprimer de notre mère, car nous apprenons par imitation. Nous pouvons tout dire à un interlocuteur si nous utilisons une communication adaptée. Il ne s'agit pas de rajouter des kilos de diplomatie, mais plutôt d'avoir une attitude intérieure cohérente avec notre discours.

Pour cela, il est utile de connaître les trois canaux utilisés par la communication :

- Le non-verbal (les gestes, l'attitude, la posture, le regard) constitue 55 % d'un message.
- La voix (la hauteur, la tessiture, le volume, l'amplitude) représente 38 %.
- Les mots (le contenu) représentent seulement 7 %.

Imaginez qu'une personne vous dise « Je suis très heureux de te voir » tout en ayant une poignée de main molle, un regard fuyant et une voix très faible. Vous n'allez pas la croire, car vous allez ressentir une incohérence entre ses mots d'une part, et sa voix et son attitude d'autre part. Nous, les femmes, sommes très expressives ; nous ne pouvons cacher nos émotions, alors autant dire ce que nous ressentons. Vous pouvez développer une plus grande présence dans votre communication en portant attention à ces facteurs : vous tenir droite, sourire, regarder votre interlocuteur dans les yeux, ouvrir les bras dans une attitude d'ouverture, parler d'une voix posée et audible, et choisir vos mots. Et tout cela, en même temps !

Quand vous apprenez à conduire une voiture, au début, il vous semble irréalisable de regarder devant vous et en même temps de surveiller ce qui se passe dans les rétroviseurs, tout en accélérant et en passant les vitesses. Pourtant, plus tard, vous accomplissez tout cela, tout en pensant à ce que vous allez acheter pour le repas du soir. Tout est une question d'apprentissage. Vous pouvez apprendre à tout âge une nouvelle façon de communiquer.

Et l'authenticité dans tout cela ?

Elle implique deux choses : d'une part, désirer être fidèle à soi-même, ce qui implique de choisir un discours le plus authentique possible, et d'autre part, éprouver une véritable envie de communiquer avec l'autre. Avant de parler à quelqu'un, clarifiez donc votre intention.

Les femmes sont des êtres de lien, elles aiment tisser des relations. Elles sont capables de parler de choses et d'autres dans l'unique but de créer du lien avec leur interlocuteur. Elles peuvent même devenir dépendantes de ce lien.

Ne laissez pas votre besoin de lien passer avant votre désir d'être authentique !

Que votre parole soit intègre, fiable et cohérente. C'est un art qui s'apprend. Nous sommes tellement avides de relations vraies et authentiques, commençons par l'être. Dites ce que vous pensez, et pensez ce que vous dites. Vous en serez d'autant plus charismatique et écoutée !

2. LES DIFFÉRENCES DE MODE DE COMMUNICATION ENTRE LES HOMMES ET LES FEMMES

Les femmes et les hommes n'ont pas la même façon de communiquer.

Par exemple, si un homme fait une demande et qu'il n'obtient pas de réponse, selon son référentiel, il va interpréter cela comme un « oui » ou comme un « non » et agir en conséquence.

Une femme, en l'absence de réponse, va réitérer sa demande maintes et maintes fois, jusqu'à ce qu'elle en obtienne une. Cela a évidemment le don d'exaspérer un homme, qui prend cela pour un reproche, une critique ou un ordre et non comme un simple besoin d'avoir une réponse.

Comment les femmes communiquent-elles ? En parlant de ce qu'elles ressentent. Elles ont besoin de mettre des mots et d'être écoutées pour voir clair en elles. Les femmes expriment plus facilement que les hommes ce qu'elles sont, ce qu'elles éprouvent, ce qu'elles ressentent.

On pense souvent qu'elles sont plus émotives, parce qu'elles expriment davantage leurs émotions que les hommes. Ceux-ci ont appris dès leur plus jeune âge à ne pas exprimer les leurs. La communication émotionnelle n'est donc pas fluide entre les femmes et les hommes.

Même si la femme exprime davantage ses émotions que l'homme, ceux-ci sont aussi très émotifs. La plupart de nos décisions découlent de nos émotions. Comme les hommes semblent si rationnels et expriment peu leurs émotions, les femmes croient souvent qu'ils en éprouvent peu et sont quasi insensibles.

Retenez bien ce que je vais vous dire : *les hommes sont plus sensibles que les femmes.*

Nous y reviendrons dans le chapitre sur la relation amoureuse, car même si votre partenaire s'exprime peu, c'est un facteur important à prendre en compte dans la vie de couple !

Témoignage de Martine :

« Je me souviens d'une soirée chez des amis où nous nous rendions séparément, mon mari et moi. Il est arrivé en retard, comme souvent. Je n'ai pas pu m'empêcher de prendre nos amis à témoin et de dire : "Oh, mais lui, le jour où il sera à l'heure, les poules auront des dents ! "Il a encaissé sans rien dire. Environ une dizaine d'années après, au cours

d'une dispute, il est revenu sur cet épisode avec toute la frustration et l'humiliation vécues d'avoir subi cette disqualification en public. Moi qui avais l'impression que mes remarques lui passaient au-dessus, je me trompais complètement. J'en rajoutais même souvent pour le faire réagir. Si seulement il m'avait ouvert son cœur plus tôt. Depuis, je suis plus attentionnée, je m'exprime sans l'attaquer et nous progressons dans le domaine de la communication. Notre relation devient plus agréable.»

Dans notre société occidentale, nous utilisons principalement notre cerveau gauche, qui rationalise, analyse, décompose, catégorise, contrôle. Utiliser davantage notre cerveau droit permet de nous relier à notre enfant intérieur. Le cerveau droit innove, imagine, crée. Il est relié à l'imagination et à l'intuition.

En fait, que l'on soit une femme ou un homme, nous avons tous beaucoup plus développé notre cerveau gauche, car la pensée rationnelle est valorisée par notre éducation et notre société. Nous n'avons donc pas coutume d'exprimer nos émotions. Je me souviens d'une enseignante qui, en réunion de classe, a prononcé la phrase: «Il n'y a pas de place pour les émotions à l'école!» J'avais déjà intégré le fait qu'il n'y avait pas de place pour les émotions dans le monde du travail; je me suis vraiment demandé où et quand les émotions pouvaient avoir leur place dans cet environnement où je vivais.

Il est aisé de comprendre qu'une femme, consciente de ses émotions et éprouvant le besoin de les partager, va naturellement se tourner vers son compagnon pour cela. Lequel compagnon s'est coupé desdites émotions depuis son enfance et probablement plus ou moins définitivement depuis son adolescence. L'homme a été élevé dans l'idée d'apporter des solutions concrètes. Face à l'expression d'un mal-être, il va immédiatement chercher des solutions dans le but de stopper ce désagrément.

La relation s'enrichit quand nous décidons de comprendre le mode de fonctionnement de l'autre.

Quand vous avez besoin de parler afin d'y voir plus clair dans vos émotions perturbantes, commencez par dire à votre interlocuteur masculin : « J'ai besoin de te parler, je te demande de simplement m'écouter sans chercher à m'apporter de solutions, cela va énormément m'aider à comprendre ce qui se passe en moi. » Puis, remerciez-le chaleureusement pour cela. C'est un effort énorme pour lui de vous écouter sans pouvoir vous aider concrètement. Insistez sur le fait qu'en vous écoutant, il vous soutient beaucoup plus qu'en vous apportant une solution sur un plateau, solution qui ne vous convient pas toujours ou qui vous met en état de dépendance. En développant l'habitude de vous écouter de cette façon, il va peut-être intégrer le fait qu'il vous est utile et finalement apprécier de vous apporter cette écoute empathique et bienveillante.

Dans la recherche de cette oreille attentive, je vous suggère de créer des cercles de femmes, d'amies, de sœurs, pour pouvoir vous exprimer chacune à votre tour et recevoir toute l'attention et l'écoute des autres. L'écoute profonde des émotions est profondément guérisseuse. Vous pouvez également rejoindre un groupe de thérapie ou de développement personnel.

3. COMMENT COMMUNIQUER ?

La communication est l'art de transmettre un message entre un émetteur et un récepteur. Elle implique de savoir s'exprimer et encore plus de savoir écouter. Une bonne communication est celle qui donne à votre interlocuteur l'envie de vous parler et de vous écouter. Ce qui implique un partage équitable entre les temps de parole de chacun.

Écouter

« Si l'homme a deux oreilles et une bouche,
c'est pour écouter deux fois plus qu'il ne parle. »
Confucius

Ce qui bloque la communication, ce sont les ordres, les critiques, les jugements, les évaluations, les conseils, les interprétations et les suggestions. Les seuls moyens d'encourager nos interlocuteurs à s'exprimer sont l'écoute active et la reformulation. C'est une attitude de compréhension qui aide l'autre à voir plus clair en lui-même et à trouver des solutions à ses difficultés passagères. Apporter une solution toute prête à une personne la maintient en état de dépendance et nous donne du pouvoir sur elle.

« Si une personne a faim, soit tu lui donnes un poisson, soit tu lui donnes une canne à pêche. »
Proverbe chinois

Lorsque nous reformulons ce qu'une personne vient de nous dire, celle-ci se sent profondément écoutée. À l'ère du numérique, nous manquons cruellement de contacts humains. C'est donc un cadeau que vous offrez aux personnes que vous rencontrez, celui de prendre le temps d'écouter jusqu'au bout ce qu'elles ont à dire. C'est comme si vous leur disiez : « Je te vois, tu es une personne importante. »

Les femmes sont naturellement empathiques. Elles savent écouter et se mettre en symbiose avec la personne en face d'elle. Si vous avez oublié cette capacité, renouez avec elle. Vous êtes capable de ressentir les émotions de l'autre, sans même qu'il ne parle.

S'exprimer

Puisque vous êtes proche de votre ressenti, communiquez à partir de celui-ci. Apprenez à dire ce que vous pensez, ce que vous ressentez et ce que vous désirez. Au lieu de sortir du cinéma et d'affirmer « Ce film était vraiment bien ! », au risque de vous entendre répondre « Moi, j'ai détesté ! », dites : « J'ai beaucoup aimé ce film, et toi ? » Parlez de vous et laissez l'autre parler de lui. Positionnez-vous dans la douceur, l'accueil et l'ouverture. C'est cela, communiquer à partir de son féminin.

J'affirme mon pouvoir de femme avec sagesse.

Même si les femmes sont reliées à leurs émotions, elles n'ont pas appris à les identifier ni à les exprimer.

Nous allons étudier à présent comment gérer ses émotions.

4. LA MAÎTRISE DU MONDE ÉMOTIONNEL

Savons-nous exactement ce qu'est une émotion et à quoi elle sert ?

Le mot « émotion » vient du latin *movere*, qui veut dire bouger. L'émotion, c'est le mouvement, et le préfixe « é » en indique l'origine. L'émotion est un mouvement à l'intérieur de soi généré par un stimulus extérieur. Elle nous informe sur nous-mêmes.

Il existe quatre émotions de base :

- la peur
- la tristesse
- la colère
- la joie

Nous avons été élevées dans le déni des émotions parce qu'elles sont perturbatrices. Parce qu'elles dérangent, beaucoup de personnes choisissent de ne pas les voir, de ne pas les ressentir ou de ne pas en parler. D'ailleurs, le dictionnaire *Larousse* évoque cette idée de perturbation dans sa définition de l'émotion : « *trouble, agitation passagère* ».

Je propose la définition suivante : *Une émotion est un signal qui nous indique que nous devons transformer quelque chose pour être plus heureux et plus en accord avec nous-mêmes. Si nous ignorons nos émotions désagréables, nous risquons la maladie, l'accident, la dépression ou le suicide.* Avec une telle définition, les gens commenceraient peut-être enfin à écouter leurs émotions et à les traiter consciemment au lieu de laisser leur corps emmagasiner celles-ci au risque de créer des déséquilibres.

Les émotions sont des indicateurs qui appellent une modification de nos pensées, de nos comportements, de notre façon de vivre. Voyons à quoi servent les émotions de base.

La peur est une réaction face au danger, elle alerte sur un risque.

Le cerveau déclenche une alarme dans l'organisme et la mobilisation de l'énergie dont vous avez besoin pour affronter le danger, vous protéger ou fuir. C'est grâce à la peur que vous donnez le coup de volant qui vous sauve d'un accident. Elle est aussi une réponse naturelle devant l'inconnu. Elle cherche à préserver la vie face à la nouveauté et au changement. Elle vous permet d'anticiper le futur et donc de vous préparer. Excessive ou inadaptée, elle vous joue des tours, vous paralyse au moment de prendre la parole ou vous fait courir le soir dans les couloirs déserts du métro.

La colère est une réaction à une injustice, à une frustration, à une violation de votre territoire ou de votre intégrité. C'est une protestation contre ce que vous ne voulez pas ou plus tolérer. Elle sert à défendre votre espace et vos valeurs. Elle précise les limites que vous ne voulez pas voir dépasser.

Elle offre une énergie qui encourage l'affirmation de soi. La colère apporte une énergie incroyable de transformation. Elle n'est pas la violence, ni la prise de pouvoir sur l'autre. Elle nous alerte sur nos besoins physiques et psychiques et sert à harmoniser nos relations avec les autres. Oui, la colère sert l'harmonie. Dans la mythologie grecque, Harmonie est la fille d'Arès, dieu de la guerre, et de Vénus, déesse de la beauté et de l'amour. L'amour ne peut être réellement présent si chacun n'est pas respecté dans son intégrité et ses valeurs profondes. L'harmonie résultera de l'équilibre retrouvé entre deux êtres ayant résolu leurs conflits.

La tristesse n'est pas la dépression. Elle est là quand il y a perte, séparation ou deuil, car c'est elle qui permet l'acceptation. Il est naturel d'être triste lorsque l'on quitte un être, un sentiment, une relation, un lieu, un animal, un espoir… Elle manifeste l'acceptation de la réalité de la perte. Elle est l'expression du deuil, elle nous dit combien nous aimions et nous permet de prendre le temps de dire au revoir. Les pleurs d'une tristesse véritable sont brefs et ils soulagent.

La joie est liée au plaisir, à l'amour et aux sentiments de réalisation de soi. Elle se présente lors d'un événement heureux, d'une réussite, d'un lien avec soi-même, d'un succès… Elle est expansive et gagne à être partagée.

Une douce chaleur nous envahit, les battements de notre cœur sont plus profonds, notre sang circule, irrigue le corps, libère les tensions. La joie nous met en lien avec nous-mêmes, nous procure une sensation de liberté, un fort sentiment d'exister. La joie est aussi une communion avec l'entourage, avec l'univers. La joie relie à la vie à l'intérieur de soi. Et c'est enfin un vecteur extraordinaire pour donner du sens à sa vie. Quand j'ai une décision à prendre, je me demande quel chemin m'apporte le plus de joie, et c'est celui que je choisis ! Je vous invite à lire ce charmant texte en annexe I, « Épidémie de bonheur » (page 156), qui vous montre à quel point la joie peut être contagieuse.

« Le bonheur est la seule chose qui double quand on le partage. »
Albert Schweitzer

Les quatre émotions de base sont des émotions momentanées et passagères. Néanmoins, les parents, les éducateurs tolèrent plus ou moins les émotions de leurs enfants, n'ayant eux-mêmes pas eu le droit de les exprimer. L'enfant saisit très tôt ces interdits et s'y soumet. Il apprend à réprimer certaines émotions et à en exprimer d'autres, mieux acceptées par son entourage. Ses réactions émotionnelles deviennent alors excessives ou inadaptées, elles durent bien au-delà de la situation initiale et génèrent un état de stress. Elles envahissent rapidement d'autres secteurs de la vie, se déplacent du domaine professionnel au familial, et inversement. Pire, elles changent de cible, se déversent sur d'autres personnes et perturbent notre relation au monde.

Sans maîtrise du monde émotionnel, il n'y a pas de liberté.

Vos émotions peuvent devenir des forces démoniaques qui dirigent votre vie, sans que vous en ayez conscience. Vous devenez jalouse, anxieuse, tendue, triste, abattue ou sans énergie. Vous ne parvenez plus à vous libérer du tabac, de l'alcool, de la boulimie anti-angoisse. Souvent, vous avez besoin d'un somnifère pour dormir.

Vos émotions ont du pouvoir sur vous parce que vous en avez peur. Vous instaurez alors un régime fasciste en ayant recours à la seule solution, celle de la répression. Vous affichez un masque, vous endossez une cuirasse : « Je ne ressens rien. » Quel contrôle ! Cela entraîne un qui-vive permanent, des rigidités, des tensions, de la distance. Est-ce cela, la liberté ?

On ne sort pas de la servitude à ses émotions en les réprimant.

N'exigez pas de vous-même ce que vos parents exigeaient de vous ; ce n'est pas parce qu'ils ne savaient pas réagir à vos émotions que vous devez continuer à les nier. Pour accéder à la maîtrise du monde émotionnel, lâchez votre contrôle. Observez vos réactions pour en reconnaître les mobiles secrets. Seule la conscientisation de vos mécanismes psychiques peut vous redonner le pouvoir sur votre vie. Le respect de vos émotions est la clé de votre autonomie.

Apprenez à distinguer les émotions saines et authentiques des émotions apprises. L'émotion saine est primaire, spontanée, fulgurante. Mais comme nous n'avons pas eu le droit implicitement d'exprimer nos émotions, nous avons développé des émotions parasites. Les premières conditionnent notre liberté ; les secondes peuvent être bloquantes.

Tous les enfants vivent des émotions intenses et toutes les cultures humaines manifestent physiologiquement leurs émotions. Si vous ne les montrez pas, c'est que vous les réprimez. Selon les familles et votre position dans la fratrie ou votre sexe, vous avez eu accès à certaines émotions et pas ou peu à d'autres. Souvent, l'aîné a droit à la tristesse, le second, à la colère, et le plus jeune, à la peur. Il y a des familles où l'on s'exprime seulement par la colère, d'autres où l'on doit toujours être joyeux. Si cela est parfait au cours d'un mariage, d'une fête, cela peut nous empêcher de pleurer lors d'un enterrement. Chez d'autres familles, il faut parler à voix basse, car Maman est malade et les explosions de joie sont interdites. Comment être joyeux dans ces conditions ?

Si vous avez eu de la chance, vous avez eu le droit d'exprimer deux émotions, avec beaucoup de chance, vous avez pu en exprimer trois.

Identifiez les émotions que vous exprimez rarement, voire jamais : ce sont celles qui étaient interdites dans votre éducation. À vous d'apprendre à les exprimer aujourd'hui, car elles sont les clés de votre liberté intérieure.

Selon que l'on naît fille ou garçon, on n'a pas le droit aux mêmes émotions. Voyons ce qui se passe pour les filles. On leur dit souvent : « Tu n'es pas belle quand tu es en colère. » Alors que quand elle pleure, Papa la trouve si touchante ! La tristesse est autorisée, mais pas la colère.

Je vois souvent en coaching des femmes qui pleurent, et en parlant avec elles, je m'aperçois qu'elles sont pleines de rage. Face à une injustice, elles ressentent de la tristesse au lieu de la colère, car on ne les a pas autorisées à exprimer cette émotion.

Bien sûr, il s'agit là de tendances ou de généralités ; chaque personne est unique. Pourtant, on retrouve dans de nombreuses familles une façon similaire d'élever des garçons et des filles. Certains parents ne supportent pas les émotions de leurs enfants, parce qu'eux-mêmes n'ont pas pu les exprimer ou parce qu'ils manquent de confiance en eux. Alors, leurs enfants doivent les confirmer dans leur rôle de bon parent en montrant qu'ils sont heureux.

Quand l'émotion est excessive par rapport à la situation, il s'agit souvent d'un élastique qui nous relie au passé. Par exemple, nous sommes angoissées si le téléphone sonne après dix heures du soir. Quand nous étions enfants, en vacances chez nos grands-parents, un appel téléphonique tardif nous a appris que nos parents avaient eu un accident. À l'époque, cette émotion n'a pu être ni exprimée ni accueillie, ce qui l'a conservée vivante en vous. Elle est alors réactivée à l'occasion de chaque situation similaire.

Souvent, avec les émotions, nous procédons comme avec une collection de timbres. Autrefois, j'allais avec ma grand-mère dans la petite épicerie du village, et pour chaque produit acheté, la commerçante me donnait des timbres que je collais ensuite dans un cahier pour les échanger plus tard contre un cadeau. Le propre de toute collection, c'est qu'une fois que nous la commençons, nous avons envie de l'enrichir. De la même manière, nous débutons des collections d'émotions non exprimées.

Quand l'expression d'un sentiment est difficile, vous le gardez, vous l'accumulez. Quelqu'un fait quelque chose qui vous déplaît, vous ne dites rien, mais vous en gardez le souvenir. Vous commencez alors une collection de timbres avec cette personne, que vous allez alimenter de façon totalement inconsciente. Vous devenez attentif à tous ses comportements, en vous focalisant sur ceux qui vont confirmer votre rancune, et vous les ajoutez à votre collection. Ainsi, vous en arrivez vite à interpréter ses attitudes de façon à les faire cadrer avec vos griefs (s'il apporte des fleurs, c'est qu'il a quelque chose à se reprocher, et vous collez un timbre), vous le testez, vous le provoquez. Et quand la coupe est pleine, vous lui jetez toute votre collection à la figure.

Vos émotions sont la manifestation de votre identité.

La répression émotionnelle vous éloigne de vous-même et vous ne savez plus ce que vous ressentez ni comment vous comporter. Vous faites confiance aux normes des autres pour vous diriger dans vos réactions ; vous vous figez dans un rôle social. Partez à la découverte de celle que vous êtes, respectez vos émotions, elles sont la voie de l'authenticité.

Comment agir face aux émotions ? Une fois que vous avez identifié l'émotion que vous ressentez, il est important de l'exprimer et de considérer le besoin qui se trouve derrière elle. Les femmes ont un grand rôle à jouer dans ce domaine. Étant mieux reliées à leur dimension émotionnelle, elles sont invitées à partager cet univers et à initier l'homme à la maîtrise de ses émotions. La plupart de nos blocages, de nos résistances, de nos limites et de nos maladies proviennent d'émotions non exprimées. Choisissez alors de créer un monde où les émotions ont leur juste place.

Quand vous avez peur, dites : « Je ressens de la peur. »

Vous venez d'échapper à un terrible accident : laissez-vous trembler, crier, pleurer, ne vous calmez surtout pas. Une frayeur intense non exprimée donne des cauchemars qui peuvent durer des mois, voire des années.

Vous avez peur de monter sur l'estrade, peur de ne pas y arriver. Acceptez de le reconnaître, plutôt que de vous remplir de tranquillisants. Faire face à la peur est le seul moyen de la maîtriser. En disant « J'ai peur », vous faites un pas de géant en intelligence émotionnelle. Mais cela ne suffit pas : vous avez besoin d'être protégée, rassurée. Osez faire une vraie demande : « J'ai peur et je te demande de... » Ce n'est pas parce que vous demanderez que vous obtiendrez, mais vous êtes sur le bon chemin. Parlez de ce que vous ressentez, n'acceptez pas les « Tu es bête, tu n'as pas à avoir peur ». Vous avez besoin de « Tu as peur, je comprends ».

Quand vous êtes triste, dites : « Je ressens de la tristesse. »

Nous refusons la tristesse pour ne pas accepter la réalité d'une perte. Pleurer quelqu'un signifie que nous acceptons qu'il soit parti pour de bon. Parfois, nous refoulons la tristesse pour ne pas reconnaître une dépendance affective, ce qui est le meilleur moyen de demeurer dépendante du passé et de s'empêcher de créer de nouveaux attachements. Vos larmes sont votre liberté. Le détachement apparent de celui qui ne pleure jamais recouvre sa terreur de s'attacher, et de risquer de perdre. Rester libre, c'est savoir s'attacher et se détacher pour s'attacher de nouveau, créer des liens sans dépendance. La tristesse nous aide à gérer les séparations. N'absorbez pas de comprimés sous prétexte que vous êtes déprimée. Vous venez de vivre une perte, pleurez. Si vous n'avez envie de rien, c'est normal, respectez ce temps de retour sur vous (à condition qu'il ne s'éternise pas). Dans ces moments, vous avez besoin de réconfort, d'écoute, d'amour. « Je me sens triste et j'ai besoin de ta présence bienveillante. » Si un ami vous dit : « Tu es triste, allons faire la fête », il met un couvercle sur l'émotion, alors que celle-ci a besoin d'être accueillie. « Je vois que c'est dur pour toi, je suis là si tu as besoin d'en parler. »

Quand vous êtes en colère, dites : « Je ressens de la colère. »

C'est dans la colère que l'on trouve le plus d'énergie. La colère est l'émotion du changement.

Refuser la colère, c'est refuser de s'affirmer et laisser le pouvoir aux autres. Ne vous réfugiez pas derrière un « Ce n'est pas grave » qui signe souvent le lancement d'une nouvelle collection de timbres. Tôt ou tard, la colère refoulée aura besoin de s'exprimer et vous risquez d'exploser de manière inappropriée pour vous en libérer. Dites les choses rapidement, clairement, fermement, calmement et sans agressivité. Affirmez votre réalité plutôt que de remettre en cause l'autre. Dites « Je n'accepte pas ce comportement qui me fait mal et je te demande d'arrêter », plutôt que « Tu ne dois pas, tu le fais exprès ».

Demeurez toutefois attentive aux autres ainsi qu'à vous-même. Votre colère est-elle vraiment justifiée ? Réfléchissez à ce qui peut motiver le comportement d'autrui. Souvent, nous interprétons abusivement les attitudes des autres. À qui doit véritablement s'adresser cette colère ? En général, votre colère provient à 10 % de la situation actuelle et à 90 % d'une situation du passé non résolue. Camoufle-t-elle une difficulté que vous avez du mal à reconnaître ? Nous avons tendance à accuser les autres pour dissimuler notre mal-être.

Témoignage de Marie-Claire :

« Avant que je mette de la conscience sur mes émotions, les personnes très volubiles m'énervaient beaucoup. Pour moi, elles ne semblaient pas prêter attention aux autres. Je les jugeais irrespectueuses. Alors, je ne disais rien, je me taisais en ruminant des pensées négatives à leur encontre. Ou bien parfois, je sortais de ma réserve en explosant et en leur reprochant de ne pas laisser la place aux autres. Ce qui les surprenait beaucoup. Comme pour elles il était naturel de prendre la parole pour s'exprimer, elles ne comprenaient pas que cela puisse être difficile pour moi ou pour d'autres. Depuis, j'ai travaillé sur ma peur de m'exprimer, et je suis capable aujourd'hui de prendre la parole avec une relative aisance au sein d'un groupe de personnes. En face de parleurs invétérés, je sais maintenant profiter du moment où ils reprennent leur souffle pour tranquillement exposer mon point de vue ou apporter un éclairage, ou leur demander de laisser une personne réservée s'exprimer. Et tout est devenu plus fluide. »

Quand vous êtes joyeuse, dites : « Je me sens joyeuse, heureuse, enthousiaste, comblée. »

Dansez, riez, partagez votre joie. Célébrez chaque bonne nouvelle, organisez des fêtes pour un oui ou pour un non, rassemblez des personnes autour de vous. Nous avons oublié d'être heureux et de le montrer. Certaines personnes sont tellement impassibles ou inexpressives qu'il est impossible de savoir quand ou si elles sont heureuses.

Votre joie et votre enthousiasme sont des cadeaux pour les autres.

Le bonheur est contagieux. J'aime cette vidéo d'un homme qui monte dans une rame de métro et qui commence à rire tout seul, de telle façon que bientôt tout le wagon rit avec lui ! Vous avez aussi ce pouvoir de faire sourire et rire les autres. Alors, créez un monde de rires, de fête et de joie !

EXERCICES

Exercice 1 : Distinguer faits/opinions/sentiments

Nous exprimons trois registres :

- Ce qui est factuel : ceci est une table ; il est 18 heures ; mes yeux sont bleus.
- Ce que nous pensons, jugeons, interprétons : cette personne est stupide ; les hommes sont égoïstes ; je suis maladroite.
- Ce que nous ressentons : j'aime les roses ; je me sens agacée ; je crains l'avenir.

Tout serait plus simple si nous avions conscience à chaque instant de ce que nous exprimons. Or, la plupart du temps, nous avons l'impression de parler de faits alors que nous exprimons des opinions, des idées toutes faites, des jugements. Le pire est que nous sommes convaincues de détenir la vérité. Quand une personne dit « Autrefois, la vie était plus facile », elle en est persuadée. Si elle parlait à partir de son ressenti, elle dirait : « J'aimais mieux la vie avant. » Et si elle s'exprimait à partir de ses opinions, elle dirait « Je trouve ma vie difficile aujourd'hui » et elle laisserait aux autres leur propre opinion sur la vie d'aujourd'hui.

Nous adorons débattre, polémiquer, partager ou imposer nos idées, convaincre, argumenter. Vous pouvez continuer à le faire, mais avec des personnes ayant le même état d'esprit, sinon vous entrez dans des jeux de pouvoir où il y a un dominant et un dominé. Le besoin inconscient derrière la volonté de convaincre est de se donner de la valeur et donc de se prouver que nous avons plus de valeur que les autres. Il s'agit là d'une énergie masculine. Être dans votre énergie féminine ne veut pas dire être toujours d'accord avec l'autre et accepter ses idées pour argent comptant. Cela veut dire que vous vous exprimez à partir de votre être intérieur, à partir de ce que vous ressentez, et que vous accueillez l'autre à partir de son authenticité et de son ressenti. Pour cela, il est opportun de connaître la nature de ce que vous êtes en train d'exprimer. Aussi, je vous invite à remplir le tableau suivant.

Pour chacune de ces affirmations, cochez si elle est l'expression d'un fait (F), d'une opinion, (O) ou d'un sentiment (S).

1	Cette personne n'écoute jamais rien. Parler avec elle, c'est comme si on parlait dans le vide.	F	O	S
2	Cette personne est très intéressante.	F	O	S
3	Je ne me sens pas à ma place dans ce groupe.	F	O	S
4	Je ne suis pas à ma place dans ce groupe.	F	O	S
5	Autrefois, les gens étaient plus sérieux dans leur travail.	F	O	S
6	Il m'avait dit : « Je serai là à 8 heures » et il est arrivé à 9 heures.	F	O	S
7	Je suis déçue par votre attitude.	F	O	S
8	J'ai un emploi du temps beaucoup trop chargé.	F	O	S
9	Nos nouveaux locaux sont plus agréables que les précédents.	F	O	S
10	Si ça continue comme ça, je sens que je vais finir par m'énerver.	F	O	S
11	Nous ne sommes pas suffisamment informés.	F	O	S
12	Cette personne n'a aucun goût. Elle est toujours mal fagotée.	F	O	S
13	Les jeunes d'aujourd'hui passent leur temps devant leurs écrans.	F	O	S
14	Ce travail est enrichissant.	F	O	S
15	Les journaux ne nous disent jamais la vérité.	F	O	S

Vous pouvez maintenant comparer vos réponses avec les solutions afin de vérifier si vous confondez les faits, les opinions et les sentiments ou si vous savez clairement faire la différence.

(Réponses : 1-O, 2-O, 3-S, 4-O, 5-O, 6-F, 7-S, 8-O, 9-O, 10-S, 11-O, 12-O, 13-O, 14-O, 15-O)

Amusez-vous à écouter les conversations et à repérer ce qui est du domaine des faits, des opinions ou des sentiments. Vous vous apercevrez que nous croyons parler de faits, alors que la plupart du temps, nous émettons des opinions et des jugements.

Par contre, n'allez pas énoncer de but en blanc à quelqu'un : « Ce que tu viens de dire est un jugement ! » La personne risquerait de mal le prendre. Soyez plus diplomate et montrez-lui qu'il y a une autre façon de voir les choses. Vous ne pouvez pas convaincre les autres, ni même leur enseigner quoi que ce soit, vous pouvez seulement les inspirer par votre comportement. Décidez d'exprimer en conscience ce que vous vivez, pensez et ressentez, et laissez les autres personnes exprimer la même chose en toute liberté. Alors, vous serez reliée à un féminin qui a le pouvoir de créer des relations plus respectueuses, bienveillantes et aimantes.

Exercice 2 : Liste de ressentis

Comme nous n'avons pas appris, que ce soit pendant notre enfance ou notre scolarité, à exprimer nos ressentis, nos sentiments et nos émotions, nous manquons de vocabulaire pour le faire. Je vous invite à épingler la liste suivante sur le mur de votre cuisine ou de votre salle de bains pour y revenir régulièrement. Imaginez que vous sentiez un malaise à l'intérieur de vous sans pouvoir définir exactement ce qui se passe. Cherchez alors dans cette liste le mot qui définit le plus ce que vous ressentez.

Tout de suite, entourez les mots décrivant ce que vous ressentez actuellement, cela vous donnera une idée de votre état intérieur. S'il est agréable, amplifiez-le. S'il est désagréable, transformez-le.

Liste de ressentis agréables

Affectueuse – À l'aise – Amicale – Amoureuse – Amusée – Apaisée – Aux anges – Bien disposée – Calme – Chaleureuse – Chanceuse – Charmée – Comblée – Confiante – Contente – De bonne humeur – Débordante de vitalité – Décontractée – Détendue – Émerveillée – Enchantée – En communion – Encouragée – En extase – En forme – En harmonie avec – En paix – Enthousiasmée – Espiègle – Exaltée – Fascinée – Gaie – Gonflée à bloc – Heureuse – Hilare – Inspirée – Intéressée – Joyeuse – Légère – Libre –

Nourrie – Optimiste – Paisible – Passionnée – Pleine d'amour – Radieuse – Rassérénée – Rassurée – Ravie – Réconfortée – Reconnaissante – Réjouie – Remontée – Remplie de gratitude – Satisfaite – Sécurisée – Sereine – Soulagée – Stimulée – Sûre de moi – Touchée – Tranquille – Transportée de joie – Vibrante – Vivante.

Liste de ressentis désagréables

Abattue – À bout – Accablée – Affligée – Affolée – Agacée – Agitée – Amère – Angoissée – Anxieuse – Blessée – Bouleversée – Choquée – Consternée – Contrariée – Crispée – Déconcertée – Découragée – Déçue – Démotivée – De mauvaise humeur – Démoralisée – Déprimée – Déroutée – Désappointée – Désemparée – Désespérée – Désolée – Écœurée – Effrayée – En colère – Énervée – Ennuyée – Exaspérée – Fâchée – Fatiguée – Fragile – Frustrée – Furieuse – Gênée – Hésitante – Honteuse – Impatiente – Impuissante – Indécise – Inquiète – Irritée – Jalouse – Mal à l'aise – Malheureuse – Mécontente – Navrée – Nerveuse – Perplexe – Perturbée – Pessimiste – Préoccupée – Réticente – Saturée – Secouée – Sombre – Stupéfaite – Sur la défensive – Tiraillée – Tourmentée – Troublée – Vexée.

Ces listes sont issues de la Communication non violente qui propose une communication qui parle de soi, sans juger ni critiquer l'autre. Relisez cette liste régulièrement et entraînez-vous à utiliser ces mots pour décrire la richesse de votre monde intérieur.

Exercice 3 : Affirmations positives

Je m'exprime facilement quelle que soit la situation.

Je parle à partir de mon centre.

J'aime qui je suis et je le partage.

Je suis ici pour m'exprimer.

Je choisis d'être authentique le plus souvent possible.

Je me connecte à mon cœur avant de m'exprimer.

J'écoute deux fois plus que je ne parle.

Je cherche l'or chez les personnes que je rencontre.

Je suis accueillante et bienveillante avec chacun.

Je choisis de parler avec calme et douceur.

Je respire amplement avant de répondre à ce qui me touche.

Je suis responsable de mes émotions.

Je remercie l'autre pour ses mots qui me font avancer.

Ma parole est fluide et facile.

Je prends conscience des émotions qui m'habitent.

J'exprime mes émotions avec sincérité et douceur.

J'écoute les autres avec bienveillance, compassion et empathie.

Ma parole est douce et réconfortante.

CHAPITRE IV

Prendre soin de soi

Les femmes sont conditionnées pour prendre soin des autres, mais souvent elles le font au détriment d'elles-mêmes. Pourtant, nous ne pouvons apporter de la présence, de l'aide et de l'attention aux autres que si nous nous en apportons d'abord suffisamment à nous-mêmes.

1. SE DONNER LA PREMIÈRE PLACE DANS SA VIE

Le déclencheur de cette compréhension fut un voyage en avion, au cours duquel l'hôtesse a annoncé : « En cas de dépressurisation de la cabine, les masques à oxygène tomberont automatiquement à votre portée. Tirez le masque vers vous pour libérer l'oxygène. Maintenez-le fermement sur votre visage, en plaçant la bande élastique derrière votre tête, et respirez normalement. Si vous voyagez avec un enfant ou une personne ayant besoin d'assistance, mettez votre masque en premier, puis aidez l'autre personne à ajuster le sien. » Cette phrase fut une révélation pour moi.

Je dois prendre soin de moi afin de pouvoir prendre soin des autres !

Toutes les femmes devraient apprendre par cœur cette phrase.

Avez-vous souvent vu une femme ne rien faire, sur un canapé ou un banc au soleil ? Souvent, les femmes disent : « Je me reposerai quand tout sera fait. » Ce qui sous-entend : « Quand tout sera parfait. » Mais les tâches ne seront jamais terminées et les choses ne seront jamais parfaites.

Témoignage de Sylvie :

« J'ai longtemps dit à mes enfants : "En ce moment, je travaille beaucoup, mais je mets des actions en place pour avoir ensuite plus de tranquillité et pouvoir prendre du temps avec vous." Ce temps n'est jamais venu. Heureusement, j'ai réussi à consacrer quelques moments à mes enfants pendant des

week-ends ou des vacances au cours desquels j'étais délestée de toutes les tâches que je m'imposais. Nous partions à l'aventure à l'hôtel ou dans des gîtes. Mes enfants m'en parlent encore. Ils ont ensuite grandi et ont eu plus envie de voir leurs amis que leurs parents. J'ai ressenti un grand vide. Aujourd'hui, quand ils sont là, j'arrête de faire, de ranger, de trier, pour être avec eux. J'ai compris que J'ai seulement du temps quand je décide d'en prendre. »

Plus je m'aime, plus je prends soin de moi, et plus je prends soin de moi, plus je m'aime. Prendre soin de soi est un des éléments clés de l'estime de soi. Si nous avons peu conscience de notre valeur, nous tentons de la prouver en en faisant davantage.

L'attention envers soi est proportionnelle à l'estime de soi. Cela peut constituer un bon point de départ quand nous savons à quel point il est difficile de s'aimer. Faites ce choix à partir de maintenant de vous consacrer chaque jour du temps, uniquement pour vous. Décidez-le, engagez-vous maintenant. J'ai pris conscience que je m'aimais davantage quand j'ai commencé à apprécier le temps passé avec moi-même pour lire un livre, boire un thé à une terrasse, m'allonger dans l'herbe et regarder les nuages, arrêter l'ordinateur le soir pour téléphoner à une amie ou lire un bon livre.

2. APPRENDRE À SE DÉTENDRE

L'enjeu va bien au-delà de se sentir bien, il est vital. Si nous n'écoutons pas les besoins de repos de notre corps et de notre esprit, nous risquons le surmenage, la dépression, la maladie ou le *burn-out*. Il y va de notre santé physique et psychique. Nous sommes dans une société du faire et nous en oublions nos rythmes naturels d'activité et de repos. Résultat : nous manquons de vitalité, nous sommes fatiguées et nous ne savons pas nous reposer. La boucle va se répéter jusqu'à l'épuisement.

Dans cette société agitée, nous avons peur de ne pas être assez performantes et d'être mises à l'écart. Avouer notre fatigue, c'est risquer de paraître faibles. Si nous nous reposons un instant, nous justifions cela par un surplus d'activité dans la période précédant cette pause. Le seul repos admis par la société, ce sont les vacances. Parfois, les personnes arrivent tellement épuisées qu'elles ont besoin d'une semaine avant de commencer à en profiter.

Quand nous avons soif, cela veut dire que nous sommes déjà déshydratées. Pour la fatigue, c'est exactement la même chose : quand vous ressentez la fatigue, cela veut dire que cela fait déjà un moment que vous êtes fatiguée. Le bon sens consiste à prendre soin de vous quotidiennement. De la même manière que vous emmenez votre voiture au garage pour une révision régulière, prenez soin de vous régulièrement. Cela ne consiste pas seulement à aller chez le dentiste et le médecin, mais à devenir consciente de la moindre disharmonie en vous, que ce soit sur le plan physique, mental ou émotionnel. Nous prenons une douche tous les jours pour nettoyer notre corps physique, mais nous n'avons pas appris à prendre soin de notre corps émotionnel. Notre esprit est pollué par des pensées et des émotions négatives qui affectent l'ensemble de notre organisme. Le soir, je vous invite à observer ce qui s'est passé durant la journée et à vous souvenir des sensations et des émotions désagréables qui vous ont traversée, afin de mettre des mots sur ce ressenti. L'écoute de vos émotions vous incitera à passer à l'action.

Nous sommes souvent tendues, stressées, et nous en sommes en partie responsables. Souvent, nos mères nous ont transmis la croyance que l'on ne pouvait pas compter sur les hommes et que nous devions tout assumer seules. Puis, avec la libération de la femme, nous avons décidé de devenir autonomes et indépendantes. Résultat, nous gérons tout : notre vie professionnelle, l'éducation des enfants, la logistique de la maison, les tâches ménagères…

Et le soir, nous devons être belles, sexy et souriantes !

Nous nous imposons un rythme de vie draconien. Il est temps d'apprendre à nous détendre et à lâcher prise.

Témoignage de Lucie :

« J'ai toujours eu un grand niveau d'énergie et cela m'a donné l'illusion que je pouvais être une superwoman qui réussit tout dans tous les domaines de sa vie. Je venais d'avoir une promotion dans mon travail lorsque je me suis retrouvée enceinte pour la première fois. J'ai réussi à tout mener de front, mais à quel prix ? Je pense que mon aînée en a pâti, entre les retards, les nounous qui se sont succédé, les baby-sitters et les plats surgelés dans le four à micro-ondes. Je trouvais la pression grande en entreprise envers une jeune maman. Comment être à la fois une professionnelle talentueuse et reconnue, et une "super maman", présente et attentionnée ? Au fil du temps, et après quelques enfants de plus, je me suis rendu compte que je voulais être parfaite et reconnue dans tous les domaines de ma vie. Alors j'ai commencé à faire le tri et à lâcher certaines choses, afin de consacrer beaucoup plus de temps à mes priorités de femme. Aujourd'hui, les enfants sont grands et je fais le métier que j'aime vraiment. Je suis fière de la femme et de la maman que je suis devenue. »

3. SE FAIRE PLAISIR QUOTIDIENNEMENT

Lors des ateliers que j'anime pour les femmes, je leur pose souvent cette question : « D'une manière générale, est-ce que vous êtes dans le devoir ou dans le plaisir ? »

Les femmes sont souvent dans le devoir avec des phrases comme : « Je dois faire ceci, il faut que je fasse cela, j'aurais dû faire... » C'est une méthode très efficace pour se mettre la pression.

La plupart de nos actes sont décidés et réalisés pour éviter la souffrance. L'invitation, ici, est d'inverser cette tendance, en agissant pour trouver du plaisir. Devenez une épicurienne, une femme qui recherche en priorité le plaisir, la joie, le bien-être, l'enthousiasme et l'envie, l'élan.

Remplacez le devoir par le plaisir.

Mettre le plaisir au centre de sa vie, ce n'est pas dire : « Je fais ce que je veux, quand je veux, où je veux. » C'est dire plutôt : « Je prends plaisir à ce que je fais. » Supprimez le parent normatif et autoritaire s'il est présent et contraignant, et remplacez-le par l'enfant libre, joyeux et spontané le plus souvent possible.

Observez les fois où vous dites « Il faut, je dois » et remplacez-les par « J'ai envie ». Quand vous dites « Il faut que je fasse cela », votre niveau d'énergie diminue.

Et si vous n'avez vraiment pas envie de réaliser une tâche particulière, ne la faites pas, abandonnez-la, déléguez-la, ou réalisez-la en changeant votre état d'esprit.

Prenons par exemple le rangement de votre bureau. Il est parfait jusqu'au jour où vous mettez deux heures pour trouver un document. Visualisez-vous avec un bureau propre et organisé où chaque chose est dans le bon tiroir, le bon classeur. Ressentez par avance le bien-être d'avoir un bureau bien rangé et à quel point cela vous donne envie d'avancer dans l'accomplissement de vos tâches. Puis, choisissez une musique agréable, faites quelques mouvements de danse et rangez l'ensemble de votre bureau ou seulement une partie. Félicitez-vous maintenant et réjouissez-vous pour ce nouvel endroit propre et agréable.

En plaçant le plaisir au centre de votre vie, vous allez peu à peu agir différemment. Depuis quelques années, je passe mes coups de téléphone depuis mon hamac de salon. J'aime aller parfois l'après-midi travailler avec mon ordinateur dans un salon de thé chaleureux et agréable. Choisissez délibérément de vous créer une vie plus joyeuse. Engagez-vous à parsemer vos journées de pauses, de plaisirs, d'attentions envers vous-même. Dans l'exercice 2, vous trouverez des suggestions pour y parvenir.

EXERCICES

Exercice 1 : Où en êtes-vous aujourd'hui ?

Est-ce que vous prenez suffisamment soin de vous dans tous les domaines de votre vie ? Pour répondre à cette question, je vous propose d'examiner successivement sept domaines, que je vais appeler des «réservoirs». Si l'un des réservoirs est insuffisamment plein, votre vie se déséquilibrera. Même si certains domaines de votre vie sont plus importants que d'autres selon les périodes, efforcez-vous d'harmoniser ces différents réservoirs. Pour chacun d'eux, je vous propose deux questions:

- Comment prenez-vous soin de vous dans ce domaine de votre vie?
- Quel est votre engagement concernant ce domaine?

Ces réservoirs sont les composantes de votre vie. Les négliger revient à vous négliger vous-même. Trouvez l'équilibre entre prendre soin de vous et prendre soin de chacun de ces réservoirs. Choisissez de rendre visite à votre maman dans sa maison de retraite, mais peut-être pas tous les week-ends.

Les femmes sont championnes pour trouver des excuses pour ne pas prendre soin d'elles-mêmes. En voici quelques exemples:

- «Je n'ai pas le temps»: Le fait d'être débordée vous donne le sentiment d'être utile, et vous évite de ressentir le vide. Attention au surmenage!
- «J'ai trop à faire»: Vous portez trop d'attention aux détails. Laissez tomber le repassage des torchons et des serviettes.
- «Les autres ont besoin de moi, je dois m'occuper d'eux»: Nous avons vu à quel point il est essentiel de prendre soin de vous afin de mieux prendre soin des autres. Quand vous serez malade et clouée au lit, vous ne pourrez plus aider personne. Lâchez le contrôle.
- «Je suis une victime»: La victime se plaint, croyant ainsi qu'elle va obtenir de l'attention et de l'amour. De toute façon, ce qui lui arrive n'est pas de sa faute. Devenez une femme rayonnante et responsable, qui assume les conséquences de ses paroles et de ses actes.
- «Je suis une princesse»: Par conséquent, les autres doivent faire les choses pour moi sans que j'aie besoin de les leur demander.
- «Je suis une Germaine: je gère et je mène»: Comme vous n'arrivez pas à contrôler votre vie, vous contrôlez les autres personnes autour de vous. Cela vous occupe à temps plein. Vous êtes persuadée qu'ils ne s'en sortiront pas sans vous. Cette attitude génère chez les autres de la frustration, de la colère ou de la soumission, mais vraisemblablement pas de l'amour!

Identifiez votre excuse habituelle et changez de disque. Vous pouvez tout remplacer par : « Je choisis de m'aimer, je suis responsable de ma vie, je crée la vie que je désire. » Toutes les émotions découlent de deux émotions primordiales : la peur et l'amour. Vos excuses proviennent de la peur de ne pas être aimée, de ne pas être utile, de ne pas être importante, de ne pas être reconnue, de ne pas avoir de valeur, et j'en passe. Une seule solution : choisissez d'être dans l'amour de vous-même !

Prendre soin de vous,
c'est vous donner de l'importance et de l'amour.

Les sept réservoirs

Soi-même	La relation amoureuse	Les enfants
Les personnes du même sexe Les amis	Les parents	
La spiritualité Le développement personnel	La contribution à la société	

Premier réservoir : soi-même

Que faites-vous actuellement pour vous et uniquement pour vous-même ? Vous êtes la personne la plus importante de votre vie. Vous êtes la seule personne avec qui vous êtes certaine de passer le restant de votre vie. Incluez dans votre emploi du temps une action journalière que vous destinerez à vous ressourcer, comme vous asseoir sur un banc, faire une sieste, vous promener, déguster un thé avec un gâteau…

Non, je n'ai pas mentionné vous affaler devant la télévision. À ma connaissance, regarder un écran n'a jamais enlevé la fatigue.

Prenez soin à la fois de votre corps et de votre esprit, car le premier a une influence sur l'autre, et inversement.

Plus vous prenez soin de votre corps, plus vous êtes puissante. Quand votre corps va mal, c'est lui qui commande.

La qualité de votre vie dépend de l'opinion que vous avez de vous-même et de votre niveau d'énergie et de vitalité !

Vous êtes responsable de votre vitalité, de la gestion de votre fatigue, de votre niveau de stress et de vos moments de relaxation.

Prendre soin de soi, c'est :

- Choisir les aliments que vous mangez : privilégier des aliments sains, biologiques, non transformés. Prendre le temps d'aller acheter des légumes et des fruits de bonne qualité et de les préparer.
- Bouger tous les jours : marcher, nager, danser, faire du sport, du yoga, se donner les moyens d'avoir un corps souple et musclé.
- Préparer un sommeil de qualité et se réveiller en pleine forme. Instaurer des rituels du soir et du matin propices à l'endormissement ou au réveil de l'énergie.
- Faire des pauses dans la journée : se reposer, faire une sieste, s'allonger sur le sol, regarder le ciel, méditer ou ne rien faire.
- Être régulièrement en contact avec la nature : aller dans un bois, un parc, un square, soigner ses plantes sur son balcon.
- Prendre régulièrement une personne dans ses bras :

Il nous faut 4 étreintes par jour pour survivre.

Il nous faut 8 étreintes par jour pour fonctionner.

Il nous faut 12 étreintes par jour pour nous épanouir.

Nous sommes mal à l'aise avec le toucher dans nos sociétés. Pourtant, un contact affectueux ressource en profondeur nos cellules, renforce notre confiance en nous et met du baume sur nos blessures.

Osez demander que l'on vous prenne dans les bras, et abandonnez-vous sans crainte, tout au plus risquez-vous de verser quelques larmes qui vous libéreront et vous allégeront.

Apprenez à demander de l'aide. Les femmes ne savent pas exprimer de vraies demandes. Pourtant, si vous avez des hommes dans votre entourage, sachez qu'ils adorent se sentir utiles. Soyez précise dans vos demandes, et préparez-vous à accepter un éventuel refus. Demander, ce n'est pas exiger ! Quand vous prenez tout en charge toute seule, vous courez le risque d'être submergée par toutes les tâches à réaliser et de sentir votre stress augmenter de façon drastique. De plus, cela peut générer en vous de la frustration et de la colère envers ceux qui n'ont pas deviné ou senti que vous aviez besoin d'aide.

L'exercice 2 vous proposera des clés pour prendre soin de vous. Je vous propose donc de vous engager pour ce réservoir dans l'exercice suivant.

Deuxième réservoir : la relation amoureuse

Comment prenez-vous soin de votre relation et de vous-même au sein de cette relation ?

Ce paragraphe est valable que vous soyez en relation ou célibataire. Les femmes ont tendance à surinvestir leurs relations affectives, c'est-à-dire à modifier leurs comportements afin de plaire davantage à leur partenaire. Si vous voulez vivre la relation amoureuse de vos rêves, soyez vous-même et soyez aimée pour qui vous êtes et non parce que vous êtes la gentille femme toujours d'accord avec son homme. Pour vivre une relation ponctuelle ou pour construire une relation sur la durée, apportez-vous de l'amour, pour devenir une personne indépendante, heureuse, rayonnante et débordante d'amour. C'est ce magnétisme qui va attirer l'amoureux idéal ou faire que votre relation actuelle va devenir aimante et harmonieuse.

Quand vous prenez soin de vous, que vous vous aimez et que vous êtes heureuse, vous devenez très attirante pour un homme. Plus vous êtes douce et aimante avec vous-même, plus la relation aura des chances de fonctionner harmonieusement. Les relations de dépendance ne fonctionnent plus aujourd'hui. Il s'agit à la fois de développer votre autonomie et votre capacité à aimer. Si vous vous demandez sans cesse comment faire pour que votre relation fonctionne mieux, vous créez des tensions. Cessez de faire des efforts et consacrez plus de temps à vous écouter et à apprendre la manière de communiquer efficacement vos besoins, vos désirs et vos ressentis.

Comment décidez-vous de prendre soin à la fois de vous et de votre relation amoureuse ?

Troisième réservoir : les enfants

Si vous avez des enfants, comment prenez-vous soin d'eux sans vous oublier ?

Pour les femmes qui sont aussi des mamans, c'est une question cruciale. Avec la naissance des enfants, les femmes deviennent mères, mais certaines finissent par n'être plus que mères, comme si leur vie n'avait aucun sens auparavant. Je crois que les enfants, du moins tant qu'ils sont petits, comblent un énorme manque d'amour. Pour autant, rien ne remplacera l'amour que vous n'avez pas eu enfant ; vous seule êtes en mesure de vous le donner aujourd'hui.

Élever des enfants demande beaucoup de temps et d'attentions, notamment les bébés et les tout-petits. Dans nos sociétés, nous surprotégeons nos enfants, influencées par le climat de peur ambiant. Certains parents sont même prêts à aller jusqu'à mettre une puce dans le corps de leurs enfants afin de toujours savoir où ils se trouvent. Notre rôle de parents consiste à élever nos enfants de manière à ce qu'ils soient autonomes et possèdent les atouts pour réussir leur vie. Ce qui nécessite de les laisser apprendre des leçons par eux-mêmes. Au moment de l'adolescence, nos enfants n'ont plus guère besoin de nous.

Cela me rappelle l'histoire d'un homme qui voit une chrysalide et prend en pitié le pauvre papillon qui essaie d'en sortir. Il saisit alors une paire de ciseaux et coupe la chrysalide dans le but d'aider l'animal, de lui épargner ce laborieux travail de sortie. Le papillon, une fois dehors, n'est jamais parvenu à bien voler. C'était justement le chemin pour sortir de la chrysalide qui lui apportait les forces nécessaires dans sa vie pour voler. Si nous faisons tout à la place de nos enfants afin de leur épargner toute émotion désagréable, nous ne les préparons pas à aller vers la vie.

Il vaut mieux passer du temps de qualité avec vos enfants que de grandes quantités de temps en n'étant pas totalement présente. Je me revois en train de préparer le repas avec un bébé dans les bras, tout en répondant au téléphone et en faisant faire les devoirs aux plus grands. Résultat : une nourriture brûlée, un bébé qui pleure, des enfants qui s'énervent et mon interlocuteur qui finit par raccrocher.

Témoignage de Maïté :

« Je suis la maman de quatre enfants, deux filles et deux garçons. Un jour, j'ai emmené mon fils aîné au cinéma, puis au restaurant. Il avait une douzaine d'années. Je suis restée sidérée quand il m'a annoncé avec un grand sérieux : "Tu vois, Maman, ce sont des moments comme celui-ci dont je me souviendrai plus tard." J'ai balbutié : "Et les courses, les allers-retours à l'école et au sport, les lessives, les repas ?" comme si ma vie s'effondrait. Il m'a répondu (pour me faire plaisir) : "Oui, bien sûr, j'ai apprécié, mais ce n'est pas ce dont je me souviendrai plus tard." »

La vie ne se compte pas en respirations
mais en moments qui vous ont coupé le souffle.

Ne vous sacrifiez pas pour vos enfants, mais accordez-vous des moments de plaisir avec eux, à jouer, rire, visiter, chanter, danser !

Si vous êtes maman, c'est pour célébrer la vie avec vos enfants.

Les enfants sont telles des éponges, ils absorbent votre énergie. Si vous allez bien, ils iront bien.

Que décidez-vous aujourd'hui pour prendre soin de vous et de vos enfants ?

Quatrième réservoir : les amis et les personnes du même sexe

Un ami est précieux, vous l'acceptez tel qu'il est et il vous accepte telle que vous êtes. Cultivez vos relations amicales, entretenez-les par des mots, des cadeaux, des attentions, des appels téléphoniques. Si vous leur offrez du temps de qualité, vos amis seront toujours là pour vous. Notre vie est très remplie, et entre notre travail, notre amoureux, les enfants et les tâches que nous nous imposons, nous délaissons parfois nos amis. Ceux-ci finissent par s'éloigner. Sans stimulations, les liens d'amitié s'effilochent et finissent par disparaître.

J'ai parlé au début de ce livre des relations entre femmes et de l'importance de ces liens. En fait, que l'on soit homme ou femme, il est important pour notre équilibre de passer du temps avec les personnes du même sexe.

J'ai rencontré en Irlande une femme mariée qui m'a raconté qu'une fois par semaine, elle allait retrouver ses amies au pub. Son compagnon faisait de même, avec ses propres amis, un autre soir de la semaine. C'était une des composantes de la solidité de leur couple. À vous d'organiser des moments de rencontre entre femmes pour vous ressourcer.

Comment prenez-vous soin de vos relations avec vos amies et vos amis ?

Cinquième réservoir : les parents

Comment prenez-vous soin de vos parents aujourd'hui ?

Nos parents prennent soin de nous durant notre enfance puis, à la fin de leur vie, c'est à nous de prendre soin d'eux.

Quelle que soit la manière dont nos parents se sont occupés de nous, il est libérateur à un moment de faire la paix avec eux et de devenir enfin adulte, afin que notre petite fille intérieure apeurée ou rebelle prenne le moins de place possible désormais.

Pardonnez à vos parents et prenez-les dans vos bras,
vous serez libérée !

Comment allez-vous prendre soin de vos parents, sans y consacrer tout votre temps et votre énergie ?

Témoignage de Véronique :

« J'étais une enfant effacée, timide, réservée et j'en ai souffert. Ma mère était très autoritaire et je crois pouvoir dire qu'elle me terrorisait. À l'âge de 15 ans, j'ai commencé à me rebeller. D'ailleurs, ma mère dit encore aujourd'hui en toute bonne foi : "Tu as été une enfant facile. Ce n'est qu'à partir de l'adolescence que tu as commencé à être désagréable.

Tu n'écoutais plus rien." Autrefois, un enfant agréable était un enfant qui ne disait rien, ne faisait surtout pas de bruit, ne pleurait pas, ne riait pas ; une poupée, quoi ! J'ai commencé à travailler sur moi vers 25 ans. Pendant plusieurs années, j'ai suivi de nombreuses thérapies. J'ai pleuré, tapé sur des matelas, appelé ma mère qui ne venait jamais. J'écrivais des lettres à mes parents pour leur reprocher de ne pas m'avoir prise dans leurs bras et ne pas m'avoir dit "Je t'aime". Mes parents ne comprenaient rien et ma mère (toujours elle) disait à qui voulait l'entendre : "Véronique a eu une enfance heureuse, je ne comprends pas pourquoi elle s'en plaint."

Un jour, j'ai compris que je pouvais passer ma vie à refuser mon passé et à exiger que mes parents me donnent enfin l'amour que j'attendais. J'ai pris conscience que cela ne se ferait jamais, et que j'avais reçu suffisamment d'amour pour être en vie aujourd'hui. J'ai donc décidé de terminer ma crise d'adolescence à 45 ans ! Depuis, ma relation avec mes parents est plus paisible, plus agréable, et cela nous fait du bien, autant à eux qu'à moi ! »

Sixième réservoir : la spiritualité et le développement personnel

Combien de temps consacrez-vous à votre développement personnel et à votre spiritualité ?

Nous aspirons tous à nous élever.

« Nous ne sommes pas des êtres humains vivant une expérience spirituelle, nous sommes des êtres spirituels vivant une expérience terrestre. »

Teilhard de Chardin

La spiritualité consiste à s'élever au-dessus du côté matériel des choses, à accéder à un plus haut niveau de conscience et à un épanouissement personnel. C'est une quête plus ou moins consciente de l'être humain, qui se trouve limité dans ce corps avec des journées de vingt heures et son besoin de dormir et de manger.

«Nul besoin de temples, nul besoin de philosophies compliquées. Notre cerveau et notre cœur sont nos temples.»
Le quatorzième dalaï-lama

Renforcer sa spiritualité demande de pratiquer par des prises de conscience, des méditations, des moments en silence, la connexion à la nature, ainsi qu'en faisant la cuisine, en s'occupant des enfants ou en faisant l'amour. En fait, tout est sacré, tout est spirituel, c'est le regard que nous posons sur chaque chose qui fait la différence. La femme, de par son essence, est reliée à la source, au divin et peut apporter la spiritualité dans ce monde en cultivant la paix, l'amour et la joie. Alors, peu à peu, cette Terre, où résident les guerres et les conflits, deviendra un monde où les êtres humains sauront vivre ensemble et s'entraideront.

Élever son niveau de conscience consiste essentiellement à rester dans l'instant présent. Observez les fois où vous avez oublié ce que vous êtes venue chercher dans une pièce, où vous êtes au volant de votre voiture et empruntez le chemin habituel alors que vous vous rendiez ailleurs. Ce sont des signes qui vous indiquent que votre esprit est ailleurs. Revenez ici et maintenant, en respirant et en écoutant les sensations de votre corps.

Le développement personnel et la spiritualité se travaillent telles des gammes: régulièrement. Si vous stoppez pendant un mois, vous ne reprendrez pas à l'endroit où vous vous étiez arrêtée, car vous aurez régressé. Alors, posez des actes quotidiennement.

Quel est votre engagement concernant votre développement personnel et votre spiritualité?

Septième réservoir: la contribution à la société

Il n'y a pas de bonheur durable si l'on n'apporte pas un plus dans la vie des autres.

Nous aimons faire plaisir, être utiles, aider, apporter, partager. Le véritable but de notre vie consiste à partager qui nous sommes; si nous ne le faisons pas, nous sommes égoïstes, nous privons les autres de nos talents et de notre aide. Nous sommes tous reliés, et chacune de nos pensées, paroles et actions a une répercussion dans tout l'univers. Demandez-vous chaque jour*: comment vais-je contribuer aujourd'hui au bonheur ou au bien-être des autres?*

Voici quelques exemples de contribution :

- Dites à vos proches que vous les aimez.
- Souriez ou prononcez une parole bienveillante envers un inconnu.
- Dans un bar, payez un café pour la prochaine personne qui va en commander un.
- Donnez régulièrement de l'argent à des associations ou à des personnes dans la rue.
- Dans une forêt, ramassez les papiers qui ont été laissés par terre.
- Triez vos poubelles.

Cette contribution renforce notre estime personnelle. Elle nous redonne de la place dans ce monde où tout va si vite et où parfois nous nous sentons perdues. J'appelle cela « faire son colibri » en référence à l'histoire « La part du colibri » que vous pourrez lire en annexe II (page 157).

Que décidez-vous de mettre en place pour évoluer et vous relier chaque jour à votre spiritualité ?

Exercice 2 : Contrat avec soi-même

Nous l'avons déjà mentionné, votre relation à vous-même est le point de départ, car cela conditionne l'ensemble de votre vie. Votre vie sera toujours cohérente avec l'image que vous avez de vous-même. Prendre soin de soi n'est pas habituel dans notre société. Nous sommes imprégnées d'éducation judéo-chrétienne et nous devons aimer et prendre soin de notre prochain. En fait, le dixième commandement de la Bible est « Tu aimeras ton prochain comme toi-même ». Il semble que nous ayons oublié la deuxième partie de la phrase.

Une femme qui réussit sa vie est une femme qui prend soin d'elle.

Tout part d'une décision ferme et du choix de vos priorités pour votre vie. Pour cela, je vous invite à vous engager, à poser un acte pour prendre soin de vous chaque jour. Comme l'être humain aime la variété, je vous propose d'écrire une longue liste d'activités destinées à augmenter votre bien-être. Puis, engagez-vous à effectuer chaque jour une des activités de cette liste. C'est à vous de décider soit de faire la même activité toute la semaine, soit de choisir au petit matin laquelle vous allez insérer dans votre journée. Notez-la dans votre agenda, elle est aussi importante, sinon plus, que vos autres tâches. Ce contrat vous est proposé pour un mois minimum. Écrivez librement toutes les activités que vous aimez, en alternant des activités qui durent dix minutes avec d'autres activités nécessitant plus d'une heure.

CONTRAT

Je soussignée ....

m'engage dès aujourd'hui et pour un mois

à m'accorder au moins dix minutes par jour pour une activité agréable.

Fait à .... Le..../......../........

Signature

Suggestions d'activités agréables

- Ouvrir les fenêtres le matin et me réjouir en voyant le ciel.
- Faire l'amour.
- Ranger mon bureau.
- Jouer avec des enfants.
- Chanter à pleine voix.
- Partager un bon repas avec des amis.
- Faire résonner un tambour ou jouer de la musique.
- Admirer le vol des oiseaux.
- M'acheter des fleurs.
- Marcher dans la forêt.
- Rêvasser.
- Écouter une musique relaxante ou dynamisante.
- Faire une sieste.
- Téléphoner à une amie.
- Danser sur une belle musique.
- Manger avec les doigts.

- Participer à une fête.
- Donner ou recevoir une étreinte.
- Allumer des bougies.
- Jardiner.
- Me faire masser.
- Penser à quelque chose d'agréable.
- Prendre un bain avec de la mousse.
- Me faire belle pour sortir.
- Offrir des cadeaux ou m'offrir un cadeau.
- Faire une séance de Biodanza.
- Méditer.

Écrivez votre propre contrat et, surtout, appliquez-le. Parce que vous le valez bien ! Le fait de mettre en place une activité chaque jour, uniquement pour vous, va transformer votre vie !

Exercice 3 : Phrases affirmatives

Je suis une femme merveilleuse.
Je prends soin de moi régulièrement.
Je m'accorde des pauses pour me ressourcer tous les jours.
Je suis à l'écoute de mon corps.
Je suis à l'écoute de mes émotions.
Je calme mes pensées par la respiration consciente.
J'inspire, je suis pleinement présente à ce moment.
J'expire, je sais que c'est un moment merveilleux.
Je suis la personne la plus importante au monde.
Je choisis mes activités en fonction de mes envies et de mes besoins.
J'ai des pensées positives quelle que soit la situation.
Je respire et je me détends profondément.
Je visualise mon corps empli de lumière.
Je fais confiance à la vie pour m'apporter toutes les solutions.
Je me donne du soutien et de la compassion dans les moments délicats.
Je me donne de l'amour afin de mieux aimer les autres.

CHAPITRE V

Réussir sa vie amoureuse

« La femme dans le mariage n'est pas la servante de l'homme, elle est encore moins son esclave. Elle est sa compagne, son aide, les os de ses os, la chair de sa chair. »
Félicité Robert de Lamennais, *Le Livre du peuple*, 1837

1. AIMER VRAIMENT LES HOMMES

Il est fondamental pour une femme de réussir sa vie amoureuse. La femme est avant tout un être de lien, un être de cœur, un être d'émotions et de sentiments. L'amour à lui seul remplit tous ses besoins. Au fond de chaque femme sommeille le rêve de rencontrer le prince charmant. Les hommes aussi recherchent la princesse charmante. D'ailleurs, les hommes, après une rupture, se remettent rapidement en couple. La femme a besoin de plus de temps pour faire le deuil de la relation passée et pour couper les liens d'attachement qui la relient à son ancien compagnon. Lorsque la femme fait l'amour avec un homme, elle secrète de l'ocytocine, l'hormone de l'attachement. La nature aurait prévu cela pour que la femme demeure avec le géniteur de ses enfants. C'est pourquoi faire l'amour est un acte d'une grande implication pour une femme, mais nous en reparlerons plus tard.

Notre enfance a été imprégnée de contes de fées et il est parfois difficile de s'éloigner de cet idéal pour aimer vraiment l'homme qui est à nos côtés ou celui qui va arriver. Cela soulève un certain nombre de questions : Sommes-nous faites pour vivre notre vie avec le même homme ? Est-ce une illusion ou le résultat de notre éducation ? Sommes-nous heureuses dans des relations de courte durée qui mettent à mal notre besoin de stabilité ? Il n'y a pas de bonne ni de mauvaise réponse à ces questions, ni jugements à émettre sur les choix de chacune. Aujourd'hui, à une époque où les repères vacillent, il nous appartient de créer le ou les couples de nos rêves dans l'instant, au gré des rencontres et de notre évolution personnelle. Il n'y a plus de chemin tout tracé qu'il suffirait de suivre. Il est temps que les femmes se posent et réfléchissent à ce dont elles ont envie dans leurs relations amoureuses.

Chaque femme a des désirs particuliers en fonction de ses filtres, de son vécu, de son éducation et de sa nature profonde.

Une étape essentielle pour les femmes désireuses de créer une belle relation avec un homme est de porter un regard bienveillant sur les hommes d'une façon générale.

Les hommes se plaignent d'être maltraités par les femmes, comme si celles-ci voulaient se venger de tout ce qu'elles ont subi de la part des hommes au cours de l'histoire. Une nouvelle génération d'hommes apparaît, alliant force et sensibilité, puissance et souplesse, détermination et amour. Nos compagnons ont besoin de notre amour et de nos encouragements pour parcourir ce chemin qui va du guerrier à l'amoureux. Beaucoup de responsabilités pèsent sur leurs épaules. Un homme n'a pas le droit d'être faible. Au moment de l'adolescence, une fille peut se comporter en garçon manqué et cela est admis par la société. Si un adolescent montre ne serait-ce qu'un gramme de féminité, il est mort, cloué au pilori par son entourage et par ses pairs. Je suis l'heureuse maman de deux filles et d'un garçon et j'ai pu observer les différences de comportement au même stade d'évolution. Cette sentence implacable somnole en nous : un homme ne pleure pas. Avez-vous vu votre père pleurer ? Si oui, combien de fois ? Il n'y a guère que sur les stades de foot où l'on voit les hommes pleurer et se prendre dans les bras. Je vois encore aujourd'hui des mères élever leur petit garçon avec cette injonction : « Sois fort ! » Puis, les mêmes reprochent à leurs compagnons de ne pas se montrer assez sensibles. C'est ce qu'on leur a interdit toute leur vie ! Et l'on se demande pourquoi les hommes nous jugent compliquées ou insaisissables.

Arrêtons de transformer nos garçons en petits durs ou en caïds. Je me rappelle un atelier dans lequel une femme se plaignait de travailler tard le soir et de devoir se lever tôt, le lendemain, pour réveiller ses deux garçons. Elle a partagé avec nous qu'elle enjambait leurs vêtements par terre pour aller ouvrir les volets de leur chambre, ce qui la mettait très en colère. J'imaginais spontanément une progéniture en bas âge. En la questionnant sur l'âge de ses deux garçons, j'appris avec stupeur qu'ils avaient respectivement 14 et 16 ans. Je me souviens lui avoir alors posé les deux questions suivantes :

- Aurais-tu eu la même attitude avec des filles ?
- Penses-tu que tu rends service à tes futures belles-filles en faisant tout pour tes garçons ?

Ces questions ont agi sur elle tel un déclic. Le lendemain, elle nous annonça qu'elle avait acheté un réveille-matin pour ses adolescents en les informant qu'ils étaient désormais responsables de leur heure de lever. Devinez le résultat ? Ils ne sont plus arrivés en retard au lycée le matin.

Beaucoup de mères demandent plus d'aide pour les tâches ménagères à leurs filles qu'à leurs garçons, comme si ce rôle incombait toujours à la gent féminine. Pourtant, les pères d'aujourd'hui donnent l'exemple en étant participatifs.

Quand une femme rencontre un homme, elle recherche chez lui cette sensibilité qu'elle a parfois interdite à ses garçons. Quand vous aspirez à rencontrer un homme qui sait parler de ses émotions et de ses sentiments, qui sait écouter et accueillir les vôtres, qui est attentionné et sensible, qui compatit et montre de l'empathie pendant que vous lui racontez votre journée, Mesdames, vous décrivez une femme ! (Je ne dis pas que vous ne pouvez pas trouver cela chez un homme, je dis que ce sont des caractéristiques féminines.) Un homme est un homme, amenez-le doucement à ouvrir son cœur, sans le transformer en femme.

Il y a quelques années, j'ai rencontré lors d'un stage un homme de 65 ans qui s'est mis à pleurer en nous disant : « Merci, merci, de m'accueillir dans mon émotion. C'est la première fois de ma vie que j'arrive à pleurer et c'est un grand cadeau pour moi. » Grâce à lui, j'ai pu mesurer à quel point il est difficile pour un homme d'être conscient de ses émotions et de les exprimer. Nous, les femmes, pouvons les accompagner, d'une part, avec notre amour, note patience et notre bienveillance, d'autre part, avec l'expression douce de nos propres émotions.

Une fois effectué ce prérequis qui consiste à apprendre à aimer les hommes, passons aux différentes phases pour vivre une relation amoureuse idéale.

Dans toute relation, il y a deux ou trois phases :

- Phase 1 : Entrer en relation.
- Phase 2 : Construire la relation sur la durée.
- Phase 3 : Quitter la relation (ce que je ne vous souhaite pas, mais qui est cependant parfois la meilleure chose à faire).

Entrer en amour, c'est une chance, rester en amour, c'est un travail, quitter un amour, c'est un choix.

Des femmes viennent me consulter, car elles désirent construire une relation amoureuse de qualité. Elles s'imaginent qu'une fois qu'elles auront trouvé le bon partenaire, tout sera facile, fluide, harmonieux. C'est plutôt ce que l'on vit dans les relations entre amis, et encore, pas toujours. Les relations nous confrontent à nous-mêmes et nous font évoluer.

« Un ami, c'est quelqu'un qui vous connaît bien et qui vous aime quand même. »
F. W. Hubbard

La relation amoureuse est porteuse d'un autre enjeu, car on y dévoile son intimité. Dans le couple, on se met à nu, sur tous les plans. On ne peut plus rien cacher de nous. Tout est mis en exergue, et ce qui refait surface, ce sont nos blessures, comme si l'on rejouait nos scénarios d'enfant.

Quand nous nous fâchons envers notre partenaire, 10 % de notre colère provient de la situation présente et 90 % de notre histoire passée.

Notre partenaire a juste appuyé sur une de nos blessures, qui s'est rouverte et cela fait mal. Souvent, notre premier réflexe est de faire mal à notre tour. Et nous savons exactement ce qui fait mal à notre partenaire. L'amour est parfois très proche de la haine.

Si votre homme est envahi par une émotion excessive par rapport à une situation quelconque, c'est qu'elle a touché une blessure. À ce moment-là, il ne sert à rien d'interpréter contre soi ce qu'il va dire.

Posez-lui plutôt des questions: «Que ressens-tu? Que se passe-t-il en toi? As-tu déjà ressenti cela?» Ne le faites peut-être pas tout de suite, mais une fois que l'émotion est passée. Le couple est thérapeutique.

«Aimer, c'est prendre soin de la solitude de l'autre,
sans jamais prétendre la combler.»
Christian Bobin

Cela demande d'être en paix avec ses propres émotions, car les blessures de chacun des partenaires de la relation se font écho. Il apparaît clairement que la relation à l'autre dépend de la relation à soi.

Aimez-vous, aimez la femme en vous, soyez à l'écoute de vos besoins pour mieux pouvoir écouter ceux de votre compagnon.

2. LES BESOINS DES FEMMES ET DES HOMMES

Les femmes et les hommes ont des langages différents. Construire une relation demande d'apprendre le langage de l'autre.

Voici quels sont les besoins respectifs des femmes et des hommes pour s'épanouir dans la relation amoureuse et avoir envie de la faire perdurer.

Les trois besoins essentiels de la femme

Le besoin d'être comprise

Vous avez besoin de présence et d'une véritable écoute. Dans son best-seller *Les hommes viennent de Mars, les femmes viennent de Vénus*, John Gray assimile ce besoin à celui du respect, en expliquant que les femmes désirent être respectées dans leur nature profonde. Or, les hommes ont été élevés dans l'idée d'apporter des solutions. Dès que vous exprimez un mal-être, leur programmation les conduit à chercher immédiatement une parade à votre état émotionnel. N'ayant pas eu le droit d'exprimer leurs propres émotions, ils ne supportent pas de vous voir pleurer et font tout pour que vous retrouviez rapidement le sourire. Cela part d'une bonne intention. Seulement, ce n'est pas ce dont vous avez besoin à ce moment-là. Vous avez besoin d'être écoutée et accueillie dans votre émotion. Hélas, peu d'hommes le savent.

Votre besoin d'être comprise implique que vous appreniez à exprimer vos ressentis, vos opinions et vos désirs.

C'est ce que demandent les hommes en formulant deux critiques principales par rapport aux femmes :

- Elles sont trop exigeantes.
- Elles ne font pas de vraies demandes et attendent de l'homme qu'il devine ce qu'elles désirent. De plus, elles y voient une preuve d'amour. Mesdames, un homme, aussi amoureux soit-il, ne peut pas savoir ce que vous avez dans la tête. D'ailleurs, personne ne le peut. Nous avons tous nos filtres et notre façon de voir le monde. Aimer l'autre, ce n'est pas deviner ses pensées, c'est l'écouter avec son cœur.

Quand vous avez quelque chose sur le cœur, votre homme ne peut pas le deviner comme peut le faire une amie avec sa sensibilité féminine. Apprenez à vous exprimer comme nous l'avons vu au chapitre III sur la communication. Prenez soin de la façon dont vous abordez votre compagnon. Dites par exemple : « Chéri, j'ai quelque chose sur le cœur, j'aimerais vraiment t'en parler, quand es-tu disponible pour cela ? » Souvent, vous ressentez le besoin d'en parler immédiatement pour vous libérer et pour apaiser la tension émotionnelle que cela génère en vous. Parfois même, vous choisissez le pire moment : quand il part à son travail ou pendant qu'il répare l'évier bouché. Une règle d'or consiste à ne pas aborder des sujets émotionnels juste avant de se quitter ou de s'endormir, sinon chacun rumine de son côté des pensées noires. Cette simple règle de communication peut changer la vie de beaucoup de couples.

Ne jamais se quitter ou s'endormir fâchés.

Chaque couple a besoin de temps pour parler des sujets délicats. Une fois que vous avez l'attention de votre partenaire, dites-lui : « J'ai besoin de t'exprimer mon ressenti et que tu l'écoutes. Je te demande de ne pas m'interrompre et surtout de ne pas m'apporter de solution. Tu peux me poser des questions pour éclaircir ta compréhension. En faisant ainsi, tu vas m'aider à voir clair en moi-même. Es-tu d'accord pour cela ? » Si au cours de la discussion, il ne peut s'empêcher de vous donner des conseils pour faire face à la situation que vous traversez, rappelez-lui son accord sur le fait de vous apporter uniquement une écoute empathique.

Un rituel que je recommande aux couples est de se donner un laps de temps pour parler, par exemple vingt minutes chacun. Chacun parle à tour de rôle. L'émetteur parle de son ressenti en parlant à la première personne du singulier, sans critique ni reproche. Le récepteur apporte une écoute active, par son regard et sa présence. Le fait de ne pas avoir droit à la parole fait que nous nous mettons en mode écoute au lieu de réfléchir déjà à notre réponse et de commencer ainsi une partie de ping-pong verbal. C'est seulement à cette condition que nous découvrons enfin l'univers intérieur de l'autre.

Témoignage de Lise :

« La première fois que j'ai proposé cette méthode d'écoute réciproque à Paul, mon mari, il a levé les yeux au ciel en ayant l'air de dire : "Encore une de ses lubies !" Néanmoins, soucieux d'installer un peu plus de tranquillité entre nous, il s'est prêté au jeu avec bonne volonté. Il m'a écoutée pendant quinze minutes avec attention puis, quand ce fut son tour, il a débuté par : "Je n'ai rien à dire." Comme j'ai répondu en souriant "Cela ne fait rien, je vais écouter ton silence pendant quinze minutes", il a finalement commencé à parler lentement. Les premiers mots furent difficiles, puis une idée en amenant une autre, les mots se sont présentés en si grandes quantités qu'il m'a demandé cinq minutes supplémentaires. Depuis, nous pratiquons ce processus hebdomadaire pendant vingt ou trente minutes pour le plus grand bien de chacun et de notre relation. »

Chacun aime être écouté totalement. Il est essentiel de ne pas commenter ensuite ce que l'autre vient de dire. Vous allez découvrir avec cet outil à quel point il est bon et réparateur d'être écouté jusqu'au bout. Offrez-vous ce cadeau et offrez-le à l'autre.

Le besoin d'attention

La femme éprouve le besoin d'être visible, d'être vue et d'être importante. Je l'ai mentionné précédemment, les femmes n'ont pas conscience de leur valeur. Elles cherchent sans cesse à être rassurées à ce sujet. Elles ont le sentiment de ne pas être importantes, de ne pas avoir de place. Et cela vient de loin. De nombreux hommes ont conscience de la force des femmes et ils sont démunis lorsqu'elles montrent leur côté petite fille blessée et apeurée. Que l'on soit homme ou femme, il existe en nous un petit enfant sensible. C'est à la fois à nous de guérir les blessures de cet enfant intérieur, d'en prendre soin et de demander à notre partenaire de vie d'en prendre également soin.

Quand la femme a-t-elle besoin d'attentions ? Tout le temps. Il n'y a pas de risque d'overdose.

Quelle femme n'aime pas le mot doux laissé sur l'oreiller, le cadeau surprise, les fleurs, le café avec le bon nombre de sucres, l'invitation à aller à un concert, le compliment sur sa nouvelle robe ou sa coupe de cheveux ? Chaque attention veut dire : « Je t'aime, tu es importante, tu as de la valeur, tu as droit au meilleur, tu es une femme merveilleuse. »

Le besoin de sécurité

La femme a besoin d'être rassurée. Les mots qu'elle préfère entendre de son compagnon sont : « Je suis là pour toi, tu pourras toujours compter sur moi, je t'aimerai toujours, j'aime être avec toi. » Quand elle entend ces mots, une femme s'épanouit comme une fleur qui s'ouvre et exhale son parfum. Elle redonne alors au centuple ce qu'elle reçoit. La sécurité que les femmes recherchent est à la fois affective, matérielle et émotionnelle. Quand la femme se sent en insécurité, elle va inconsciemment tester l'amour de l'homme. Alors, Messieurs, si votre femme vous demande :

« Est-ce que tu m'aimes toujours ? »

« Est-ce que tu trouves que j'ai grossi ? »

« Est-ce que tu as vu que je portais une nouvelle robe ? »

Rassurez-la au lieu de vous énerver. C'est simplement son besoin de sécurité qui se manifeste !

Les trois besoins essentiels de l'homme

Le besoin d'appréciation

Un homme a besoin d'être apprécié encore et encore, pour tout ce qu'il fait. L'homme a été conditionné à faire, et rien ne le motive plus que l'appréciation de ses actes. Réciproquement, rien ne le démotive plus que les critiques, les reproches, les dévalorisations. Vous n'obtiendrez rien de bon en critiquant un homme, en le dévalorisant ou en le castrant. L'homme possède une fierté originelle, il doit être fort et puissant. Si vous mettez l'accent sur ses faiblesses, ses défauts ou son incompétence, c'est maladroit et cela ne lui donnera pas envie d'en faire davantage, bien au contraire.

Témoignage de Jacques:

«Mon amie me reproche de ne pas prendre d'initiatives personnelles dans notre relation. Alors, pour notre dernier week-end en amoureux, j'ai décidé de m'occuper de la réservation de l'hôtel. Elle a râlé tout le week-end, car il n'y avait pas de vue sur la mer. Elle n'est jamais contente.»

Quand votre homme fait une proposition, trouvez le moyen de l'encourager, de le féliciter, au moins pour son intention. Voyez là où vous pouvez l'admirer, sans le mettre sur un piédestal, mais plutôt en saisissant toutes les occasions de le qualifier positivement. Vous pouvez pratiquer cet entraînement partout: voir la perle chez la personne et non le défaut. Plus vous vous focalisez sur les points positifs de l'autre et plus vous les renforcez. C'est un véritable apprentissage, car nous avons été plutôt entraînées à voir le négatif. Une seule condition est préalable à toutes félicitations et à tout compliment: que cela soit sincère.

Si vous n'arrivez pas à voir une seule chose positive chez une personne, posez-vous des questions. Il est probable que vous avez été conditionnée à voir le verre à moitié vide.

Le besoin d'ouverture

Un homme adore avoir à ses côtés une femme souriante, épanouie et gracieuse.

Gardez à l'esprit que le premier objectif d'un homme est d'avoir une femme heureuse à ses côtés.

Même si votre bonheur dépend essentiellement de vous, dites-lui qu'il y contribue largement. Montrez que vous êtes comblée, enthousiaste, joyeuse, à ses côtés. Apportez de la joie dans votre environnement.

Si quelque chose vous chagrine, oubliez cette attitude de petite fille qui consiste à vous fermer sans rien dire. Devenez une femme affirmée qui ose exprimer son ressenti, en laissant l'autre libre de changer d'attitude ou non. Quand vous êtes heureuse à ses côtés, il est aux anges.

Témoignage de Françoise :

« Quand j'étais avec Marc, j'ai reproduit le modèle de ma mère. Rien n'était jamais assez bien, je trouvais toujours quelque chose à redire. Quand son comportement me convenait, je ne disais rien, pour moi c'était normal. C'est le fameux "Tout va bien, il n'y a rien à dire". Aujourd'hui, j'ai appris à voir les choses différemment. Et surtout, je me rends compte avec mon nouveau partenaire que si je le félicite, il en fait deux fois plus pour moi, et avec joie en plus. »

Accordez plus d'importance à ce qui vous convient qu'à ce qui ne vous convient pas. Sinon vous devenez une « Germaine », une femme qui gère et qui mène ! Souvent, vous alternez avec un comportement de pauvre petite fille victime attendant qu'un prince vienne vous sauver. Je décris là des comportements excessifs. Pourtant, nous avons toutes plus ou moins ces attitudes à un moment donné. Identifiez-les pour mieux les traquer quand elles réapparaissent, afin de les éradiquer peu à peu.

Le besoin de liberté

Les hommes détestent être contrôlés. Êtes-vous sur le dos de votre partenaire avec des questions comme : « Tu as fait quoi, tu étais où, à quelle heure tu rentres ? » Il se sent alors traité comme un petit garçon. Parfois, vous vous énervez en lui disant : « Je ne suis pas ta mère ! » Faites-lui confiance ! La liberté, ce n'est pas : fais ce que tu veux, quand tu veux, où tu veux. Je parle ici de liberté dans le sens contraire du contrôle. Laissez-le se reposer, voir des copains, faire du sport... Quant à la liberté sexuelle, dans ce domaine, chaque couple choisit son mode de fonctionnement, l'essentiel étant que les deux membres du couple aient le même !

Autrefois, les couples étaient très imbriqués. Ma mère choisit encore les vêtements de mon père. Je vois beaucoup de personnes qui décident de rester célibataires, car elles ont peur de perdre leur liberté. Pourtant, c'est possible de se sentir libre dans un couple. Je suis persuadée que les couples qui durent aujourd'hui sont ceux qui se donnent une grande liberté.

Témoignage de Christine :

« Je me suis oubliée dans mon mariage. Si c'était à refaire, je prendrais plus de liberté dans mon couple : je n'irais pas manger chez ma belle-famille tous les quinze jours, je prendrais une semaine de vacances seule ou avec des copines, je ferais plusieurs activités juste pour moi, je ne m'obligerais pas à faire à manger, je resterais en pyjama les dimanches de pluie, j'inviterais mes copines à dîner plus souvent. »

Imaginez un couple amoureux dans lequel chacun suit ses envies et fait ce qui lui plaît, sans faire de compromis. Je suis persuadée que la relation serait légère et joyeuse. Nous finissons par reprocher à l'autre les sacrifices que nous nous sommes senties obligées de faire. Quand l'amour est là, l'envie de passer du temps avec l'autre est présente.

À l'inverse, je vois des femmes qui à partir du moment où elles sont en relation, arrêtent toutes leurs activités. Leur vie ressemble à du remplissage en attendant une histoire d'amour, comme si une relation amoureuse était la seule chose importante dans la vie. Le fait que vous ayez une vie riche dans laquelle vous vous épanouissez vous rend intéressante et attirante. Même si vous avez envie d'être la majorité du temps avec votre amour, continuez à investir les autres domaines de votre vie. Sinon, votre compagnon deviendra le seul responsable de votre bonheur, et c'est lourd !

Le fait de connaître les besoins de l'homme peut vous amener à être plus positive, plus tolérante, plus acceptante, plus pétillante et plus souriante dans la relation. Celle-ci devient alors une immense source d'évolution pour chacun.

Comprendre que votre partenaire a des besoins différents des vôtres vous permet d'y prêter attention. Cela part du postulat suivant : « Si j'aime une personne, alors j'ai envie qu'elle soit heureuse et épanouie. » Adoptez ce credo de la relation amoureuse durable.

Je m'aime telle que je suis, je t'aime tel que tu es, et j'ai envie qu'en étant ensemble, nous devenions chacun plus heureux.

Imaginez comment serait votre vie de couple si tous les matins vous demandiez à l'autre : comment puis-je rendre ta journée plus belle aujourd'hui ?

3. ÊTRE INDÉPENDANTE AFFECTIVEMENT

Peu à peu, nous sortons des relations de dépendance dans lesquelles nous allons chercher chez quelqu'un d'autre l'amour que l'on n'a pas envers soi. Ce mode de fonctionnement est obsolète. Emplissez votre cœur d'amour, puis rencontrez quelqu'un pour partager l'amour qui est en vous.

Comment vous aimer en tant que femme ? En prenant soin de vous, en étant à l'écoute de vos besoins et de vos désirs, en les exprimant, en réalisant vos rêves et vos envies.

Je pense qu'il est essentiel pour une femme de vivre une période seule. Une croyance répandue chez la femme est qu'elle n'a pas de valeur sans homme à ses côtés. Ce sont les réminiscences d'une autre époque. Ne démarrez pas une relation parce que vous avez peur d'être seule, vous risqueriez de courir droit à l'échec.

Témoignage de Brigitte :

« Pendant longtemps, ma relation était la source de mon état intérieur. Quand la relation allait bien, j'allais bien, et quand elle allait mal, j'allais mal. Dans les soirées entre copines, je passais beaucoup de temps à me plaindre de ma relation. J'amplifiais et je dramatisais tout ce qui ne me convenait pas. J'étais persuadée d'être dans mon bon droit, que c'était injuste et que j'étais une victime. Il m'a fallu des années de travail sur moi pour apprendre à devenir responsable de mon bout de la relation. »

Les femmes peuvent réussir leur vie affective quand elles deviennent autonomes, quand elles savent tenir debout seules et quand elles décident de s'aimer. Ainsi, elles ne seront plus déstabilisées quand leur homme ira dans sa caverne. Car il ira dans sa caverne puisque c'est sa façon de résoudre ses problèmes. À ce moment-là, dites-lui : « Je sens que tu as besoin de rester seul. Je décide de prendre soin de moi et je vais sortir voir des amis. » Puis, faites ce que vous aimez, indépendamment de la relation. Parfois, dans ces moments de repli, l'homme aime que vous soyez proche de lui, à vaquer à vos occupations. Échangez sur ce sujet, afin de définir une stratégie qui respecte au mieux les besoins de chacun. Je parle bien de stratégie, car si vous n'en avez pas pour décider de quelle attitude adopter dans les moments délicats, ce seront alors vos émotions et vos automatismes qui vous dirigeront, avec les résultats que l'on connaît.

S'aimer et avoir confiance dans le fait d'être digne d'amour semblent être des prérequis pour construire des relations durables et harmonieuses.

Vous êtes un cadeau pour l'homme, soyez-en convaincue. Pour cela, faites consciencieusement l'exercice numéro 1. *Je répète : vous êtes un cadeau pour un homme !*

Observez vos pensées récurrentes à propos des hommes. Ce sont probablement des croyances qui vous ont été transmises par les femmes de votre lignée durant votre enfance. Je pense, par exemple, à l'une des participantes à un atelier qui affirmait avec conviction : « De toute façon, tous les hommes sont infidèles. » Quand je lui ai demandé si son père trompait sa mère, elle m'a répondu par l'affirmative. Il s'agissait donc d'un programme qui lui venait de sa mère et même probablement d'autres générations. Ce n'était pas la réalité, mais c'était devenu sa réalité vue à travers ses propres filtres. D'où l'intérêt de remettre en cause ses croyances et ses préjugés, surtout si ce sont des généralités : tous les hommes sont…

Nous attirons magnétiquement l'homme idéal pour travailler nos blessures. Par conséquent, la femme dont je parlais plus haut ne rencontrait que des hommes infidèles.

Nous rencontrons les personnes idéales
pour travailler nos blessures.

D'où l'intérêt de guérir nos blessures du mieux possible, que l'on soit en relation ou non. Nous nous rencontrons souvent en amour sur la base de l'attirance physique ! En fait, dès que nous rencontrons une personne de l'autre sexe, inconsciemment dans notre tête, nous nous disons : sexe ou pas sexe ? Cela ne suffit pas de vibrer et d'être attirée physiquement par un homme pour commencer une relation. Vérifiez si vous avez des valeurs et des aspirations communes. Supposons que votre désir soit de construire une relation sur la durée. Vous rencontrez un homme qui, dès le début, vous déclare qu'il ne veut pas s'engager. Cela n'a pas de sens de commencer une relation avec cet homme. Prenez pour acquis ce qu'il vous dit au lieu d'essayer de le changer afin qu'il corresponde à votre idée de la relation amoureuse. Définissez vos valeurs principales, puis comparez-les avec celle de votre futur amoureux. Ainsi, vous pourrez vérifier si les points communs sont suffisants pour envisager de faire un bout de chemin ensemble. Bien sûr, cet homme vous plaît et vous attire physiquement également.

Les trois composantes d'une relation harmonieuse sont une bonne communication, une sexualité épanouie et des projets communs. La sexualité est un domaine qui peut sans cesse être amélioré dans une relation sur la durée. Les potentiels sont infinis dans ce domaine.

4. LA SEXUALITÉ

« Ce n'est pas parce que je te désire que je t'aime,
c'est parce que je t'aime que je te désire. »
Arouna Lipschitz

La sexualité joue un grand rôle dans nos vies. Je ne parle pas de certaines images vues dans les médias qui avilissent la sexualité. Je parle d'une sexualité saine, et même d'une sexualité sacrée. Les femmes ont oublié leur rôle d'initiatrices. Elles sont programmées biologiquement pour être amoureuses de l'homme avec qui elles font l'amour. C'est pour cela que je recommande aux femmes de ne pas faire l'amour tout de suite. Donnez-vous le temps de connaître un partenaire potentiel et laissez lui le temps de faire sa cour. Rappelez-vous que l'homme est un chasseur.

Nous connaissons relativement peu de choses par rapport à la sexualité de la femme.

Intuitivement, les femmes sentent qu'au lit elles ont besoin de caresses, d'attentions, de mots doux, de temps, d'amour !

La femme et l'homme n'ont pas le même rythme. J'ai retenu cette phrase au cours d'un atelier de tantra : la femme doit contenir le désir de l'homme. Dans son livre *Slow Sex*[1], Diana Richardson propose une alternative à la sexualité conventionnelle qui, à la longue, détourne les femmes de l'envie de faire l'amour. De nombreuses femmes acceptent cette sexualité parce qu'elles croient que c'est la seule façon de faire l'amour ou parce qu'elles ont envie de faire plaisir à leur homme, ou pire, pour avoir la paix. Certaines ont peur de perdre leur compagnon si elles demandent autre chose ou expriment une quelconque insatisfaction. La sexualité conventionnelle est basée sur l'excitation et la friction dans le but d'avoir un orgasme, simultané si possible. Le *slow sex* invite à la lenteur, à la détente, à la non-recherche de résultat, à l'écoute de l'instant présent, à la conscience, aux regards, à la sensualité, à la sensibilité, à la respiration commune, à laisser faire les sexes ensemble.

1. *Slow sex, faire l'amour en conscience*, Almasta éditions, 2013.

Beaucoup de femmes aspirent à cette sexualité, surtout en avançant en âge. Cela demande à l'homme de lâcher l'idée d'une performance. Cette nouvelle façon de faire l'amour renforce le lien des deux partenaires, apaise et détend, nourrit l'âme, permet d'accéder à des niveaux de conscience plus élevés. Il n'est pas question de choisir entre ces deux types de sexualité, mais plutôt de faire des allers-retours entre l'accélération et la lenteur, entre la pulsion et la présence, entre l'excitation et la détente. Cela implique de prendre le temps de faire l'amour, peut-être en commençant par un massage, par de douces caresses, ou simplement par se regarder en respirant ensemble. Le fait de trouver ou de retrouver un plaisir profond à faire l'amour va nourrir à la fois votre corps et votre âme. Cela compense largement l'abandon d'autres activités telles que regarder la télévision, faire de l'ordinateur, du nettoyage…

Mesdames, si cela résonne pour vous, parlez-en à votre mari, amoureux, amant, et durant la fusion des corps, proposez-lui des pauses pour se regarder, pour sentir, pour respirer. Bientôt, il vous remerciera, car vous allez découvrir tous les deux une nouvelle sensualité. Le monde actuel nous sature de propositions et d'informations en tous genres. Certains y ont perdu une partie de leurs sensations et doivent augmenter l'intensité des rencontres et des pratiques pour en ressentir de nouvelles.

C'est en expérimentant toujours de nouveaux plaisirs que les couples peuvent survivre au temps.

Trouvez celui avec lequel vous avez envie de construire.

Lors des premiers rendez-vous, demandez-lui quelles sont ses valeurs et ses aspirations. Je recommande de lui poser une question cruciale: «Comment sont tes relations avec ton ex?» S'il répond quelque chose de désagréable sur elle, fuyez.

S'il répond: «C'est une femme merveilleuse, mais nous n'avions plus le même chemin», restez. Abandonnez l'idée qu'avec vous, ce sera différent d'avec les autres. Vous ne pouvez pas changer votre homme: ce qu'il a fait avec une autre, il le fera probablement avec vous.

Quand ils se marient, l'homme espère toujours que sa femme ne changera jamais, et la femme espère toujours que son homme va changer.

Vous pouvez seulement vous changer vous-même. Pour construire une relation durable et paisible avec un homme, soyez prête à vivre toute votre vie avec lui, tel qu'il est aujourd'hui. Vous ne pouvez pas vous engager avec quelqu'un sur la base d'un éventuel changement de sa part ! Vous changerez tous les deux au fil du temps, mais vous ne pouvez prédire de quelle manière.

Pour garder présent ce que vous désirez à l'esprit, je vous invite à faire un collage avec des images de couples qui vous inspirent et à écrire une phrase telle que :

- Construire une relation amoureuse harmonieuse.
- Vivre la relation idéale.
- Avancer ensemble dans la même direction.
- Aimer et être aimée.

Regardez cette image régulièrement pour vous inspirer et pour pouvoir vivre cette relation aujourd'hui.

EXERCICES

Exercice 1 : Lister les qualités positives des hommes

J'ai parfois le sentiment que les hommes et les femmes sont en guerre. Je propose de faire la paix, et de commencer par cesser toute critique, tout jugement et toute dévalorisation envers l'autre sexe. Comment pensez-vous construire une relation harmonieuse et aimante avec un homme si vous êtes par ailleurs sans cesse critique : les hommes sont égoïstes, les hommes sont des petits garçons, les hommes sont irresponsables, les hommes sont autoritaires, etc. ?

L'antidote à cette tendance à se plaindre d'une façon générale des hommes consiste à identifier quelque chose de positif dans chaque homme que vous rencontrez. Portez-vous garante de dire du bien des hommes quand vous êtes dans un groupe de femmes. Il est facile de se laisser entraîner à jouer les victimes et à critiquer. Soyez animée d'un véritable désir de pacifier votre relation avec les hommes. Je me souviens d'un atelier de femmes où nous avons consacré une demi-heure à dire du bien des hommes : ils me font rire, je me sens en sécurité auprès d'eux, j'aime marcher dans la rue avec un homme à mes côtés, j'admire leur capacité à pouvoir se concentrer sur une tâche, j'aime la façon dont les hommes sont capables de relever les défis, j'apprécie leur côté joueur, j'aime quand ils sont tendres, j'aime leur force, etc. Cela nous a ouvert le cœur. Après cet échange, nous nous sommes senties dans un état de grâce.

Et vous, qu'appréciez-vous chez les hommes ?

....

....

....

....

....

....

....

....

....

....

....

....

La liste ne peut que s'agrandir. En changeant votre état d'esprit par rapport aux hommes, vous aurez peut-être la bonne surprise de voir changer le comportement de ceux qui vous sont proches. C'est l'effet pygmalion : les personnes sont conformes envers nous à ce que nous pensons d'elles. Alors, autant penser positif !

Exercice 2 : En quoi suis-je un cadeau pour un homme ?

Nous l'avons vu, il est impossible de construire une belle relation amoureuse si vous ne vous aimez pas. Imaginez que vous êtes un homme.

Tomberiez-vous amoureuse de la femme que vous êtes ? Auriez-vous envie de vivre avec vous ?

Faites le bilan de vos rencontres et de vos relations. Quels sont vos atouts, votre façon d'être, vos qualités, qui font de vous une femme attirante ? Si on ne vous recherche pas aujourd'hui, c'est uniquement parce que vous vous focalisez sur vos points faibles, vos défauts, vos fragilités, vos manques, vos blocages… L'énumération est longue.

Faites la liste de tous les points qui font que vous êtes un cadeau pour un homme. Voici quelques idées pour vous inspirer :

- Je suis joyeuse et légère.
- Je suis satisfaite de ma vie.
- Je vois toujours le bon côté des choses.
- J'ai envie de partager tout l'amour que j'ai en moi.
- Je suis curieuse.
- Je suis sympathique.
- Je suis douce et attentionnée.
- Je suis conciliante.
- Je suis respectueuse.
- J'aime faire l'amour.
- Je suis dynamique.
- Je suis créative.
- Je suis espiègle et j'aime jouer.
- Je suis autonome sur tous les plans.
- Je suis belle, je prends soin de moi.

Par rapport à la phrase « Je suis belle » que peu de femmes osent dire, sachez que la beauté est dans les yeux de celui qui regarde. Votre homme vous trouve belle, alors ne cherchez pas à lui prouver qu'il a tort, vous risqueriez de réussir !

À vous de remplir cette liste. Au besoin, appelez vos anciens amoureux pour leur demander ce qu'ils ont aimé en vous, indépendamment de votre histoire de couple.

1

....

....

2

....

....

3

....

....

4

....

....

5

....

....

6

....

....

7

....

....

8

....

....

9

....

....

10

....

....

Bravo, vous l'avez fait ! Cette liste marque le début de votre confiance dans le fait d'être digne d'attirer un homme qui va vous aimer telle que vous êtes et qui aura envie de faire un bout de chemin avec vous. Relisez-la régulièrement pour augmenter cette confiance en vous. Et complétez-la, dix qualités sont un minimum, c'est juste un début !

Exercice 3 : Affirmations positives

Je suis une femme digne d'amour.

Je me choisis pour la vie.

Plus je m'aime et plus j'aime les autres.

Je vois du positif dans chaque homme que je rencontre.

Je construis une belle relation avec l'homme idéal pour moi.

J'adore les hommes.

Je suis une femme recherchée et profondément aimée.

Je partage ma lumière avec un homme merveilleux.

Je donne et je reçois beaucoup d'amour.

Je suis comblée dans ma relation amoureuse.

J'aime partager la joie et l'amour avec mon compagnon.

Mon partenaire est merveilleux et nous sommes tous les deux en amour et en paix.

L'amour vient à moi facilement.

J'ai une relation intime et nourrissante avec un homme qui m'aime vraiment.

Celui que je recherche me recherche également.

Mon compagnon et moi sommes heureux ensemble.

Chapitre VI

Prendre sa place au travail

« It's not my job, it's my joy. »
(Ce n'est pas mon travail, c'est ma joie.)

Le mot « travail » vient du latin *tripalium*, qui était le nom d'un instrument de torture à trois branches chez les Romains. Ce qui explique peut-être notre tendance à associer le travail à une torture. Pourtant, le travail est une source de grande satisfaction. Nous passons au moins un tiers de notre vie sur notre lieu de travail, alors autant que ces moments soient investis, joyeux et épanouissants. Le travail, outre l'argent qu'il nous procure, nous apporte également une stimulation intellectuelle, une reconnaissance sociale, l'utilisation de nos compétences, une contribution à la société et un tissu social enrichissant (et je ne parle pas que des discussions devant la machine à café !).

1. ÊTRE PLEINEMENT FEMME AU TRAVAIL

Les femmes ont un rapport particulier au travail. Traditionnellement, c'était le rôle de l'homme d'apporter l'argent et la nourriture, et celui de la femme de s'occuper du foyer et de la progéniture. Ces archétypes sont profondément ancrés en nous. Relativement peu de femmes entreprennent ou ont accès à des postes à haute responsabilité. Le rôle des femmes au travail dépend donc à la fois de la société, mais plus particulièrement du regard que posent les femmes sur leur activité professionnelle.

De plus en plus de femmes considèrent le travail comme une source d'épanouissement et d'indépendance. Le clivage homme-femme est beaucoup moins présent aujourd'hui et les femmes peuvent accéder à de nombreux postes.

Les qualités professionnelles les plus souvent demandées sont la compétence, le respect, l'analyse, l'efficacité, la performance, le sérieux. Mais les entreprises s'aperçoivent que cela induit une forme de rigidité qui leur fait parfois perdre du terrain face à une concurrence plus jeune ou plus dynamique. Nous voyons alors fleurir des séances de brainstorming, des séminaires de créativité, des cours de sophrologie ou des stages de gestion du stress. Le féminin entre dans les entreprises, et les femmes ont un rôle important à y jouer. Soyez fière d'être une femme au lieu d'en faire plus pour affirmer votre valeur. Il n'y a rien à prouver : vous avez de la valeur !

Les femmes qui réussissent pensent qu'être une femme est un atout pour réussir.

Mettez en avant vos qualités et votre puissance de femme, avec douceur, sagesse, discernement et affirmation.

2. ÉQUILIBRER SA VIE PERSONNELLE ET SA VIE PROFESSIONNELLE

Les femmes cloisonnent moins les différents domaines de leur vie que les hommes. Elles parlent de leurs enfants au travail et pensent encore à leur travail une fois rentrées à la maison.

Octroyez-vous des transitions claires par des sas, des rituels, matin et soir, qui créent une coupure entre vos moments privés et votre vie professionnelle. Vous aurez l'esprit beaucoup plus tranquille.

D'après les statistiques, les femmes, à durée de temps de travail égale, font ensuite beaucoup plus de tâches ménagères que les hommes. Elles cumulent parfois presque deux journées ainsi. Ce sont souvent les mamans que l'on appelle en premier si un enfant est malade. Est-ce que vous vous sentez tiraillée entre votre métier, votre compagnon, vos enfants, vos amis et vos activités ? Réfléchissez sur ce qui est prioritaire pour vous en ce moment. Bien sûr, selon que vous commencez une histoire d'amour ou que vos enfants sont petits, vos priorités seront différentes. Faites un graphique sous forme de camembert, puis écrivez les différents pourcentages de temps que vous voulez accorder à chaque domaine de votre vie. Écrivez ensuite un planning de semaine idéale.

Voici quelques conseils pour alléger votre emploi du temps :

- Impliquez tous les membres de votre foyer dans les tâches ménagères. Ce ne sont pas « vos » tâches, ce sont les tâches de tous ceux qui vivent sous le même toit. Vous pouvez également sensibiliser les plus petits. Faites des listes de tâches, puis affectez-les, après concertation, à chaque membre de la famille. Rediscutez mensuellement ce planning pour effectuer d'éventuelles améliorations.

- Créez un réseau d'entraide : les grands-parents pour prendre les enfants un week-end, un groupe de parents avec qui partager les trajets, de bonnes adresses de baby-sitters pour les soirées et les déplacements.
- Commandez et faites-vous livrer le plus possible.
- Instaurez des temps sans ordinateur, sans téléphone, sans aucune obligation, pour vous ressourcer complètement.
- Octroyez-vous des moments de ressourcement en famille, tout le monde en profitera et vous conserverez un climat familial aimant et paisible.
- Commencez vos journées par les tâches les plus importantes afin de ne pas terminer sur les genoux.
- Autorisez-vous des soirées chips et jambon devant un bon film en famille, lâchez les conventions.
- Luttez contre le besoin d'être parfaite. On ne vous juge pas à la propreté de votre maison, mais à votre capacité à être joyeuse, souriante et en lien.

3. DÉVELOPPER LA CONFIANCE EN SOI

Souvent, nous qualifions d'incompétentes des personnes qui ne sont pas à la bonne place.

« Tout le monde est un génie. Mais si vous jugez un poisson
sur ses capacités à grimper à un arbre,
il passera sa vie à croire qu'il est stupide. »
Albert Einstein

Affirmez vos talents, vos dons et vos compétences, trouvez votre place, et vous réussirez brillamment dans le monde du travail.

Dans le domaine professionnel particulièrement, les femmes manquent de confiance en elles. Pourtant, elles ont tous les atouts pour réussir. Les hommes et les femmes étant très complémentaires, l'univers professionnel a besoin des deux compétences conjuguées.

La confiance en soi prend ses racines non dans les situations extérieures, mais en vous.

Vous êtes capable de tout. Vous pouvez tout réussir !

Supposons que vous ayez le désir de changer d'activité professionnelle ou de créer votre activité. Que devez-vous penser à propos de vous pour faire de votre rêve une réalité ? Que vous êtes assez intelligente, assez intuitive, assez compétente, assez confiante, assez déterminée, assez créative, assez charismatique ?

Votre futur sera cohérent avec votre image personnelle. Vous pouvez changer votre futur en changeant l'image que vous avez de vous-même aujourd'hui.

Toutes nos actions et nos décisions sont influencées par ce que nous pensons pouvoir ou ne pas pouvoir accomplir.

Travaillez sur votre image personnelle. Créez une image personnelle plus confiante, plus authentique, plus joyeuse, plus rayonnante. Avant chaque nouvelle action, répétez-vous : « J'ai confiance. » Cette confiance est votre force, votre puissance.

Chaque rencontre, chaque situation sont des occasions pour vous aimer davantage. Si vous ne croyez pas en vous, personne ne le fera à votre place.

N'attendez pas d'être complètement prête pour avancer dans vos projets : commencez tout de suite. « Je ne suis pas prête » est une excuse pour ne pas se mettre en route maintenant. Remplacez-la par une décision, suivie d'une action.

Vous rencontrerez des obstacles et des difficultés sur votre chemin, vous aurez des décisions importantes à prendre et parfois vous sentirez le doute vous envahir, mais ni plus ni moins qu'un homme, ni plus ni moins que celles qui réussissent. Acceptez de ne pas tout savoir, engagez-vous plutôt à trouver les informations demandées. Mettez en avant vos compétences, faites la promotion de votre valeur. Montrez vos réalisations sans être arrogante pour autant. Le soir, faites le bilan de votre journée et félicitez-vous pour au moins trois actions réalisées.

Comment est-ce que vous avez envie d'être ? Imaginez que vous êtes déjà cette personne.

Comportez-vous dès aujourd'hui comme si vous étiez cette personne. Si vous voulez devenir une grande artiste, par exemple, voyez si vous agissez comme telle, examinez si votre environnement est celui d'une grande artiste, si vous portez les vêtements d'une grande artiste. Marchez, bougez, pensez comme une grande artiste !

EXERCICES

Exercice 1 : Mon intention professionnelle

« Il n'y a pas de vent favorable pour celui qui ne connaît pas son port. »

Sénèque

Prenez le temps de ressentir et de décider ce que vous voulez vraiment dans un domaine professionnel : occuper tel poste, créer votre entreprise, faire une pause, écrire un livre, suivre une formation de thérapeute…

Pour faire cet exercice, choisissez un moment de calme pendant lequel vous serez sûre de ne pas être dérangée. Commencez par quelques instants de centrage ou de relaxation avec éventuellement une musique douce. Puis, réfléchissez à chaque question avant de répondre à la suivante. L'activité dont vous choisissez de parler est soit celle que vous exercez aujourd'hui, soit celle que vous prévoyez d'exercer.

Pourquoi est-ce que je choisis d'exercer cette activité ?

Prenez conscience que votre activité actuelle est un choix. Même si votre travail est « alimentaire », vous l'avez choisi, car il vous permet de payer votre loyer et vos factures. Personne ne vous met un revolver sur la tempe en vous disant : « Va travailler ou je tire ! » Transformez cette pseudo-obligation en véritable choix. Même si vous aimez votre travail, il y a des tâches que vous préférez nettement aux autres.

....

....

....

....

....

Qui suis-je dans cette activité ?

Qui suis-je moi, en tant que femme ? Comment est-ce que je déploie mes dons, mes talents et mes compétences dans cette activité ? Quelle est la particularité que j'apporte et qui n'appartient qu'à moi ? Comment est-ce que je me différencie de mes pairs ? Comment est-ce que j'impacte mon activité professionnelle avec ma personnalité profonde et mon essence ?

....

....

....

....

....

....

....

Qu'est-ce que je veux être, faire et avoir aujourd'hui ?

Dans notre société, le travail consiste à « faire » pour « avoir ». C'est ce que la société et les médias nous vendent. Nous avons oublié l'« être ». Nous fonctionnons telles des abeilles et nous ne savons plus quel sens donner à nos vies. D'où l'intérêt des deux questions précédentes. Dans les moments de doute, de démotivation, il est essentiel de revenir à ces questions fondamentales du sens que l'on donne à sa vie et à sa place dans ce monde. Une fois que cela est clarifié et seulement si cela l'est, réfléchissez à ce que vous voulez faire et avoir.

....

....

....

....

....

....

....

....

Comment est-ce que je me vois dans deux ans ?

Votre vision à court terme est votre phare. Définissez clairement le point où vous voulez être dans deux ans. Ainsi, vous saurez exactement quel est le prochain pas que vous allez accomplir. Montez l'escalier de la réussite et de la réalisation, une marche après l'autre.

....

....

....

....

....

....

Comment est-ce que je me vois dans dix ans ?

Il y a des moments pour semer et d'autres pour récolter. Avoir une vision à long terme vous guide dans vos choix d'aujourd'hui. Cela vous motive dans les moments de doute. C'est un fil conducteur. Peut-être la vie va-t-elle vous emmener ailleurs, donner une autre forme à vos buts. Cependant, le fait d'avoir une vision est un facteur essentiel de succès. Les personnes qui réalisent leurs objectifs ont une vision. Cette vision correspond à leurs valeurs et à leurs aspirations profondes. Quel que soit votre âge, projetez-vous de manière positive. Créez-vous une image attractive de votre situation professionnelle à long terme.

....

....

....

....

....

....

....

Relisez ces réponses dès que vous vous sentez fatiguée, démotivée, stressée, pour revenir à la source de votre décision.

Exercice 2 : Mes qualités professionnelles

Réussir sa vie professionnelle implique de développer certaines qualités. En France, on nous demande souvent d'être polyvalentes, au lieu de faire concorder la description du poste avec le profil de la personne concernée. Il ne s'agit surtout pas de se comparer aux hommes, car dans ce domaine, comme dans les autres, nous sommes extrêmement complémentaires. Les femmes possèdent des qualités indéniables pour réussir leur vie professionnelle et pour occuper des postes à responsabilités, tout en utilisant leurs qualités féminines. Beaucoup de femmes fonctionnent comme des hommes, et s'épuisent à jouer un rôle qui n'est pas le leur.

Avant de remplir le tableau pour faire le point sur les qualités que vous possédez déjà et sur celles que vous devez développer, voyons en quoi consiste chacune de ces qualités.

Oser l'initiative personnelle

Certaines femmes ont besoin de la validation de leurs décisions par une personne extérieure, et souvent par un homme. J'ai maintes fois rencontré de belles femmes qui s'assument, gèrent brillamment leur activité professionnelle, assurent sur tous les fronts. Paradoxalement, quand elles sont dans une relation amoureuse, elles ne savent plus prendre de décisions personnelles. Elles demandent : « Quelle robe est-ce que je mets pour sortir ? » ou « Qu'est-ce qu'on mange ce soir ? » comme si un homme était plus apte à décider.

Témoignage de Virginie :

« Ma mère m'a toujours enseigné que certaines actions doivent être faites par les hommes, comme ouvrir une bouteille ou servir le vin. Quand j'ai eu mes premiers flirts, elle m'interdisait de faire le premier pas, de leur écrire ou de leur téléphoner. C'était son éducation. Parfois, je sens que je suis en train d'attendre une action de mon compagnon, alors que je peux très bien la faire moi-même, comme faire une réclamation au serveur. J'avoue que j'ai peur parfois si je fais tout moi-même que mon homme se sente inutile et ne trouve plus sa place auprès de moi. »

Observez-vous dans les différents domaines de votre vie. Prenez conscience des situations dans lesquelles vous prenez facilement des initiatives et de celles où cela est plus difficile pour vous. Le manque d'initiative est souvent dicté par la peur de se tromper ou par le désir d'être parfaite. Il vaut mieux faire une chose et se tromper que ne rien faire du tout !

Définir un objectif précis

Dans l'exercice précédent, nous avons déjà parlé de l'importance de définir clairement vos buts et vos objectifs.

Instaurer des relations harmonieuses et solidaires

Dans le cadre du travail, certaines personnes sont tournées vers la performance et l'efficacité alors que d'autres sont plus tournées vers les relations, l'idéal étant de s'impliquer dans ces deux directions. Je connais deux amis qui se sont fâchés pour des questions professionnelles. Certaines personnes n'adressent même plus la parole à leurs collègues, oubliant que l'autre est aussi un être humain qui a droit par conséquent à un minimum de considération. Les problèmes au travail sont principalement d'ordre technique ou relationnel, les premiers étant beaucoup plus faciles à résoudre.

Le jour où vous éprouvez une difficulté quelconque, ce sera souvent parce que vous aurez établi des relations bienveillantes qu'une personne sera prête à vous aider. Dans toute entreprise, nous avons besoin les uns des autres. À deux, on est trois fois plus fort que seul !

Chaque personne de votre entourage est importante.

Développer la confiance en soi et en sa valeur

Bien sûr, ces notions sont fondamentales. Vous avez de la valeur et votre travail aussi a de la valeur. Je vois beaucoup de personnes qui démarrent une nouvelle activité et qui n'osent pas demander d'argent en échange de leurs prestations. Pourtant, l'argent que vous recevez est l'expression de votre valeur. Vous pouvez faire des échanges de bons procédés, mais soyez vigilante, car il est rare que cela soit équitable.

Vous pouvez faire le meilleur travail du monde, si vous pensez que cela ne vaut rien, le monde entier pensera comme vous.

Pratiquer l'autodiscipline

Ce mot renvoie souvent à des souvenirs d'école et ne plaît guère aux adultes, car tous autant que nous sommes, nous détestons les ordres. Ici, il est question d'autodiscipline. Cela veut dire se discipliner soi-même, et donc s'imposer des règles et des obligations, selon le dictionnaire. Je vous invite plutôt à associer le mot « discipline » au fait de « choisir des priorités, des rituels, une gestion du temps qui vous permettent d'atteindre vos buts ». Si vous êtes à votre compte par exemple, c'est à vous de faire votre emploi du temps chaque jour et de choisir vos horaires de travail. Les personnes sont parfois tellement habituées à une autorité externe qu'elles sont incapables de se motiver elles-mêmes.

Quelle est votre discipline, non seulement pour exercer votre activité professionnelle, mais aussi pour accomplir votre rituel du matin, manger sainement, faire des pauses et bouger votre corps ?

Rester motivée

Qu'est-ce qui fait que vous avez envie de vous lever le matin, jour après jour ? La motivation n'est pas linéaire. Si vous n'avez pas de stratégie pour avancer avec motivation, vous allez reculer. Parfois, la meilleure motivation consiste à faire une coupure, sans mail, sans téléphone, sans discussions, juste à profiter de l'instant, de ses proches et de la nature. Sentez quand votre motivation diminue et anticipez en travaillant sur votre mental.

Choisir la persévérance

Elle consiste à continuer des actions entreprises même si vous n'observez aucun signe de résultat. Elle est basée sur la foi. Quand vous démarrez un projet, persévérez pendant un an avant de le stopper. Beaucoup de personnes entreprennent aujourd'hui, puis s'arrêtent très rapidement, car le résultat immédiat n'est pas conforme à leurs attentes. Observez les cycles de la nature, le temps nécessaire entre la semence et la floraison. J'entends parfois : « Si cela ne fonctionne pas, c'est que cela n'est pas juste. » Les difficultés ne sont pas un signe d'arrêt de toute initiative. Si nous regardons les biographies de Winston

Churchill, de Walt Disney, de Thomas Edison, de Sylvester Stallone, ils ont persévéré longtemps dans leurs rêves avant de les réaliser.

Mobiliser sa créativité

Les femmes sont créatives par excellence, et elles l'oublient souvent. Chaque nouvelle idée est une création. Nous explorerons la créativité en détail au chapitre VII (page 125). C'est la créativité qui vous permet d'aller plus loin dans toute action, car elle apporte un élément inédit. Dans une société où tout va vite, nos repères sont souvent déstabilisés. Heureusement, la fluidité et la créativité sont des facteurs puissants d'adaptation.

Prendre des décisions précises et rapides

Il est contre-productif de peser le pour et le contre pendant des heures et des heures. Fixez-vous une limite de temps pour décider.

Ceux qui réussissent sont occupés à faire ce dont d'autres sont encore occupés à parler.

Oubliez les réunionnites interminables et les nuits blanches à vous demander si vous avez pris la bonne décision. Fixez-vous un temps court pour réfléchir, puis passez à l'action désirée, sans regarder en arrière.

Pour prendre n'importe quelle décision, utilisez votre cerveau gauche, rationnel, analytique, mais aussi votre cerveau droit émotionnel, imaginatif et créatif. Souvent, vous n'écoutez que votre raison, alors que votre cœur connaît la réponse. Cette lutte interne entre ces deux parties prend beaucoup de temps et d'énergie. Apprenez à écouter les réponses qui émergent de l'écoute de votre intuition.

Fonder vos opinions sur des faits

Nous avons vu au chapitre III (page 45) la distinction entre les faits, les opinions et les sentiments. Nous communiquons souvent à partir d'idées et de jugements, en pensant que nous parlons de la réalité. C'est juste «notre réalité». Dans le domaine professionnel tout particulièrement, il est primordial de parler des faits, afin de minimiser les désaccords et de privilégier l'efficacité.

Savoir communiquer votre enthousiasme

Cela implique à la fois de savoir être enthousiaste et de savoir communiquer. Le mot « enthousiasme » vient du grec et signifie « transport divin, état de l'homme en qui la divinité est présente pour l'habiter et l'inspirer ». Ce que je traduis souvent par le divin en soi, sans connotation religieuse. Je pourrais dire : la lumière en soi. Nous sommes enthousiastes quand nous rayonnons à l'extérieur notre partie divine, notre source, notre être profond. Une personne spirituelle est censée être joyeuse et enthousiaste, comme le dalaï-lama, qui rit tel un enfant.

Retrouvez cette joie et cet entrain, utilisez des superlatifs comme « merveilleux », « extraordinaire », « génial », « fantastique », partagez votre énergie de vie.

L'enthousiasme va de pair avec une physiologie : le dos droit, le corps tonique, les épaules en arrière, une attitude d'ouverture, le regard franc, les yeux brillants et, bien sûr, un immense sourire qui éclaire le visage.

La personne capable d'enthousiasme peut mobiliser une foule et la faire adhérer à ses idées.

Distinguer le sens du détail et du global

En tant que femme, vous avez tendance à être concentrée sur les détails. Cela viendrait du temps où les êtres humains vivaient dans des grottes. Pendant que l'homme allait chasser le mammouth, les femmes restaient dans la caverne où elles devaient surveiller le feu, la préparation des repas, les enfants qui jouaient, les personnes âgées. Elles ont donc développé l'habitude de faire attention à une multitude de choses en même temps.

Ce sens du détail est une qualité. Tout dépend de son intensité. Si vous êtes axée seulement sur les détails, vous perdrez beaucoup de temps et vous risquez d'être atteinte du syndrome du « Sois parfaite ». Il n'y a qu'un endroit où vous serez parfaite, ce sera au cimetière. La perfection n'est pas de ce monde. Ce besoin de perfection vous empêche d'entreprendre des actions que vous n'êtes pas totalement sûre de mener à bien. Il vous rend également exigeante envers vous-même et les autres.

La plupart du temps, on ne vous demande pas d'être parfaite, mais de faire les choses correctement en temps et en heure.

Apprenez à voir les situations et les tâches dans leur globalité. Cela se fait dans le silence, en prenant du recul. Faites-vous une vue d'ensemble des choses. Vous en serez d'autant plus efficace et performante.

Identifiez là où vous êtes la meilleure, dans le sens du détail ou dans la globalité, puis cultivez l'autre qualité afin d'équilibrer au mieux ces deux pôles en vous.

Utiliser les critiques pour vous améliorer

Nous détestons les critiques. Notre premier réflexe est alors de nous justifier ou de contre-attaquer, car nous prenons les choses personnellement. Remplacez ce réflexe par une respiration pour retrouver un état neutre, puis posez une question : « Qu'est-ce qui te fait dire cela ? En quoi mon travail est-il négligé ? Peux-tu m'en dire plus ? »

C'est votre travail que l'on critique, ce n'est pas vous.

Ne laissez personne vous faire une remarque négative sur vous-même.

Le fait de faire préciser la critique vous permettra de faire la différence entre les critiques justifiées et celles qui sont injustifiées. Certaines personnes critiquent pour se donner de l'importance. Quand vous leur demandez en quoi vous êtes critiquable, elles se dégonflent vite par un « Laisse tomber, ce n'est pas important ». Quand vous réagissez en étant touchée au cœur par une remarque, vous remplissez le besoin d'importance de la personne qui vous a critiquée et vous lui donnez du pouvoir sur vous.

Vous accepterez d'autant mieux les critiques que vous serez consciente de vos faiblesses et de vos zones de fragilité. Même si les personnes projettent leur malaise sur vous en vous critiquant, écoutez la part de vérité derrière la critique. Utilisez ces remarques pour avancer dans votre vie. Prenez même les devants en demandant : « C'est mon premier séminaire, quelles pistes d'améliorations aimeriez-vous me conseiller ? »

Concentrer votre attention sur une tâche

L'éducation des femmes développe la capacité de faire plusieurs choses en même temps. Les hommes font une seule chose à la fois, et je pense que c'est un avantage. Cela permet une concentration maximale qui évite les erreurs et le stress. En plus, vous aurez le plaisir d'arriver au bout de votre tâche et vous serez fière de vous. J'aime dire : « Ça, c'est fait ! » Célébrez le fait d'avoir terminé une tâche. Cela vous permettra de continuer à avancer avec motivation tout au long de votre liste de tâches.

Qualifier positivement vos collègues

Il s'agit d'apprendre à voir le positif chez les autres. Nous avons plus appris à nous concentrer sur ce que nous n'apprécions pas chez eux. C'est une habitude de focalisation et comme toutes les habitudes, nous pouvons la transformer. Complimentez, félicitez, à une seule condition : que cela soit sincère.

Voici quelques exemples de qualification positive :

- J'ai beaucoup aimé la façon dont tu as traité ce dossier.
- Merci pour ton idée d'amélioration de la qualité de notre service.
- J'aime la façon dont tu es habillé aujourd'hui.
- Quel plaisir de te voir arriver souriante, c'est un cadeau !
- Je te trouve en forme aujourd'hui.
- J'aime beaucoup travailler avec toi.

Assumer vos responsabilités

Vous êtes responsable de vos actes, de vos pensées, de vos émotions et de vos paroles. Certains managers s'attribuent les succès de leurs équipes et rejettent la faute des dysfonctionnements sur leurs collaborateurs. C'est tout le contraire d'une bonne attitude managériale. Bien sûr, les situations et leurs conséquences sont systémiques en entreprise. Pourtant, évaluez les conséquences de vos actes et acceptez d'en prendre la responsabilité.

Avoir une attitude mentale positive

Avec quel état d'esprit commencez-vous votre journée de travail ? Sur quoi choisissez-vous de porter votre attention ? Avoir un mental fort, c'est être capable de vous féliciter, de vous encourager et de vous motiver. Choisissez de regarder ce qui contribue à votre bien-être et à la réalisation de vos objectifs et ne prêtez pas attention au reste.

Faire confiance aux autres et à la vie

Nous avons tendance à présumer les autres coupables. Si une automobile vous double sur l'autoroute à 160 kilomètres à l'heure, vous le jugez souvent négativement : « Quel chauffard, il est inconscient ! » alors qu'il y a peut-être dans la voiture une femme prête à mettre au monde un enfant. Je vous invite à présumer innocentes les personnes que vous rencontrez, à voir l'intention positive derrière leurs actions et à chercher la perle en chacun. Peut-être cette confiance sera parfois trahie, une fois sur cent au pire ! Alors, vous aurez eu raison les quatre-vingt-dix-neuf autres fois de faire confiance.

Vous sentir en paix intérieurement

La paix intérieure est à la fois l'objectif et le challenge de toute vie. Vous ne serez pas en paix vingt-quatre heures sur vingt-quatre. C'est une attitude dominante qui rayonne, une vibration que vous dégagez et qui fait que les autres se sentent bien à vos côtés. Pour installer durablement cet état paisible en vous, accordez-vous des temps de méditation, de silence, d'introspection, de marche dans la nature, d'écoute de musique douce, de respirations ou de mantras. Réduisez les facteurs stressants de votre environnement. Apprenez à gérer votre stress.

Aller jusqu'au bout d'une tâche

Toutes les tâches non terminées sont énergivores. Accordez-vous ce plaisir de terminer vos tâches. Imposez-vous de ne pas en commencer de nouvelle tant que votre tâche actuelle n'est pas terminée. Cela demande huit minutes de se remettre dans une activité lorsque nous l'avons interrompue pour une raison ou pour une autre. Séquencez vos tâches tout au long de la journée et vous aurez le sentiment, en fin de journée, d'avoir réalisé concrètement quelque chose. Vous vous sentirez emplie de plénitude et cela vous motivera pour continuer vos activités.

Favoriser l'excellence plutôt que la vitesse

Les femmes font plusieurs choses à la fois et elles se donnent beaucoup de tâches à réaliser, au risque parfois d'être submergées. Alors, elles font vite pour réussir à avancer en pensant ainsi éviter le stress et la pression, mais cela ne fait qu'en ajouter. Il existe des situations où ce n'est pas la montre qui nous fait gagner du temps, mais la boussole. Prenez le temps de bien faire les choses. Cela se verra à l'extérieur !

Être fiable

En tant que femme, vous avez tendance à être fiable. Quand vous vous engagez sur une action, vous la réalisez, et souvent dans les délais impartis. Si vous n'arrivez pas à tenir les délais ou que vous êtes en retard à un rendez-vous, prévenez au lieu de mettre la tête dans le sable pour ne rien voir, telle une autruche. Montrez votre fiabilité en précisant ce que vous allez mettre en œuvre et faites ce que vous avez énoncé.

Entretenir votre corps en pleine santé et vitalité

Quand vous êtes malade et clouée au lit, vous ne pouvez plus rien faire. Toute activité demande de l'énergie de votre part. C'est à vous de prendre soin de votre alimentation, de votre sommeil, du bien-être de votre corps et de votre santé. Votre corps est votre véhicule, choyez-le. Remerciez-le chaque matin pour tout ce qu'il va faire dans cette journée.

Faire les choses ici et maintenant

Arrêtez de remettre à plus tard ce que vous pouvez faire maintenant. Repousser sans cesse des tâches est démotivant au possible. Souvent, cela concerne des tâches que vous n'aimez pas ou qui vous semblent difficiles ou rébarbatives. Alors, décidez de les traiter maintenant, vous vous sentirez ensuite tellement allégée ! Commencez par faire une tâche qui vous met en joie et poursuivez avec une autre que vous repoussiez à plus tard. Si c'est possible, mettez une musique entraînante pour effectuer cette tâche avec le sourire, cela sera toujours plus agréable que d'avoir une mine renfrognée.

Voir les signes et saisir les occasions

Vous n'êtes pas seule sur le chemin, la vie conspire pour vous apporter le meilleur. Parfois, les plus grandes chances se produisent comme par magie. Certaines occasions se sont présentées sur votre parcours et vous ne les avez pas saisies au vol. Alors, développez une vigilance, un état d'esprit alerte et vif. En définissant clairement quels sont vos objectifs, vous allez voir les signes qui vous y emmèneront plus rapidement. Fiez-vous davantage à votre intuition et faites moins d'efforts. Mettez-vous en état de réceptivité et d'accueil de la vie, deux belles qualités féminines. Abandonnez le dialogue intérieur qui analyse et tourne en boucle le pour et le contre de ces possibilités.

À vous de compléter ce tableau afin d'identifier les points forts sur lesquels vous appuyer et les points d'amélioration à développer. Quoi que nous fassions, l'essentiel est d'évoluer, d'apprendre, de s'amuser et de devenir un peu plus chaque jour la meilleure version de nous-mêmes. Ce tableau est un bon guide pour réussir dans le monde du travail, mais également dans votre vie privée.

	Plutôt vrai	Plutôt faux
Oser l'initiative personnelle		
Définir un objectif précis		
Instaurer des relations harmonieuses et solidaires		
Développer la confiance en soi et en sa valeur		
Pratiquer l'autodiscipline		
Rester motivée		
Choisir la persévérance basée sur vos objectifs		
Mobiliser sa créativité		
Prendre des décisions précises et rapides		
Fonder vos opinions sur des faits		
Savoir communiquer votre enthousiasme		
Distinguer le sens du détail et du global		
Utiliser les critiques pour vous améliorer		

	Plutôt vrai	Plutôt faux
Concentrer votre attention sur une tâche		
Qualifier positivement vos collègues		
Assumer vos responsabilités		
Avoir une attitude mentale positive		
Faire confiance aux autres et à la vie		
Vous sentir en paix intérieurement		
Aller jusqu'au bout d'une tâche		
Favoriser l'excellence plutôt que la vitesse		
Être fiable		
Entretenir votre corps en pleine santé et vitalité		
Faire les choses ici et maintenant		
Voir les signes et saisir les occasions		

Le premier pas vers le changement consiste à accepter l'état actuel et à savoir où vous désirez vous diriger. Encore une fois, ce qui est important, c'est d'apprendre, de grandir, d'évoluer et de devenir chaque jour, un peu plus, la femme merveilleuse que vous êtes !

Exercice 3 : Affirmations positives

Je manifeste mon potentiel, mes capacités et mes compétences dans mon travail.

Mon travail m'apporte beaucoup de joie et de plaisir.

J'aime mon travail actuel et j'y prends plaisir, même si je sais qu'il n'est qu'une étape.

Je travaille avec des gens formidables.

Je m'épanouis dans mon activité professionnelle.

La joie et la beauté m'entourent sur mon lieu de travail.

Je suis reconnue et appréciée pour mon travail.

J'établis l'équilibre idéal entre mon travail et ma vie personnelle.

Je suis heureuse de me lever le matin pour aller à mon travail.

J'adore recevoir de l'argent en faisant ce que j'aime.

J'aime tellement ce que je fais que je rayonne toute la journée.

Je fais un métier qui rend les gens heureux, à commencer par moi.

Je fais ce que j'aime, je le fais le plus souvent possible, et on me donne beaucoup d'argent pour cela.

J'aime mon travail.

Mon travail apporte un plus dans la vie des autres.

CHAPITRE VII

Les qualités féminines

« Lorsque mon orgueil d'homme est mis de côté, j'aperçois soudain que la femme est un être plus grand que ma masculinité. Cela simplifie dès lors ma raison de l'aimer avec sincérité, voire de la considérer à sa juste valeur comme la cime des cimes des cristaux précieux. En commençant par ma mère, je dis haut et fort : "Femme du monde debout, femme du monde dévoile ta face debout pour toujours !" »

Jah Olela Wembo

Les femmes font beaucoup d'efforts pour obtenir les mêmes droits que les hommes dans les sphères politique, professionnelle, artistique et autres. Comme elles conservent en plus l'habitude d'être au service des autres, elles ont oublié leur féminité en route. Comme si la réussite était incompatible avec la féminité.

Les qualités féminines sont nombreuses et infinies. Voici les principales : douce, tendre, attentionnée, coquette, dévouée, souriante, gracieuse, rieuse, pudique, attentive, aimante, sensible, jolie, belle, forte, maternelle, propre, rangée, patiente, accueillante, compatissante, inspirante, rêveuse, charmante, raffinée, soigneuse, fertile, initiatrice, stable, éducatrice, mystérieuse, protectrice, insaisissable, battante, brillante, élégante, sensuelle, connectée spirituellement, courageuse, puissante, intuitive, réceptive, généreuse, partageuse, communicante, aimante, juste, joyeuse.

J'ai choisi d'en détailler seulement quelques-unes. Ressentez comment chacune d'elle vibre en vous et comment vous pouvez la développer davantage.

1. LA DOUCEUR

Notre monde a besoin de douceur. Ce mot évoque l'enfance et les bras d'une maman. Apporter de la douceur, c'est mettre du moelleux dans sa vie. Je remarque souvent à quel point les femmes ne sont pas douces envers elles-mêmes. Nous devenons douces en commençant sincèrement à être douces avec nous-mêmes. Décidez de saupoudrer vos journées de douceur, par la voix, la lenteur de vos gestes, votre sourire, votre façon de vous déplacer, vos attentions envers les autres. Osez vous montrer vulnérable, tendre, fragile et prête à poser votre tête sur une épaule. Évitez de faire l'amalgame entre douceur et faiblesse. La douceur n'implique pas de dire oui à tout.

2. LA TENDRESSE

« On peut vivre sans amour, mais pas sans tendresse. »
Bourvil

La tendresse est le premier nom de l'amour. Être tendre implique que notre cœur devient tendre et ouvert. Il peut exister une grande tendresse entre deux êtres sans qu'ils partagent nécessairement une sexualité, les deux n'ont pas à être amalgamés.

La tendresse, c'est la douceur avec l'amour en plus !

La tendresse donne et laisse la place à l'autre alors que l'amour s'en approprie souvent. La tendresse disparaît parfois dans les relations de couple de longue durée et chacun en souffre. Les femmes ont un cœur immense. Elles sont nées pour aimer et pour apporter de l'amour dans ce monde. Vous qui êtes femme, reconnectez-vous à cette tendresse en vous, et apportez-la avec vous ou que vous alliez.

3. L'ATTENTION

Les femmes sont programmées pour être attentionnées. Notre monde souffre du manque d'attention des uns envers les autres. Combien de personnes poussent une porte sans regarder s'il y a quelqu'un derrière elles pour la retenir ! Développons la conscience des autres et ouvrons nos antennes pour devenir plus attentionnées par des gestes simples. Être attentionnée ne signifie pas être au service des autres. C'est une forme de délicatesse, de bienveillance et de gentillesse.

Rappelez-vous que votre compagnon aime deux sucres dans son café, que votre belle-mère mange sa salade sans sauce, que votre fille adore que vous lui glissiez un encas dans son cartable et que la boulangère se réjouit des compliments sur sa robe ! Soyez attentionnée envers vous-même, puis envers les autres. Chaque geste, chaque attention vous reviendra énergétiquement. Soyez vigilante : cette attention n'est pas une obligation, mais une envie du cœur. Ne faites rien automatiquement, faites les choses avec conscience. L'attention féminine peut aller jusqu'au dévouement. En décidant de la part que vous vous octroyez et de celle que vous donnez aux autres, vous posez des limites claires.

Témoignage de Nadine :

« J'ai toujours prôné une indépendance et une liberté pour ne pas vivre comme ma mère, soumise à ses parents, à son mari et à ses enfants. Puis, je me suis mariée à mon tour et j'ai décidé d'allaiter mes enfants, plus particulièrement le dernier. Ayant compris l'importance du portage de l'enfant dans ses premiers mois pour son développement, j'ai décidé d'allaiter à la demande. Le fait d'être ainsi au service de mon bébé a développé chez moi une énorme capacité d'attention à la fois aux autres et à moi-même. »

4. LA BEAUTÉ

Les femmes incarnent la beauté, elles sont belles par définition. Je ne parle pas de la beauté des magazines, je parle d'une beauté intérieure et aussi de la beauté du corps de la femme, avec ses courbes. Il est dommage que beaucoup de femmes n'en aient pas conscience. Elles ont tendance à juger les autres plus belles qu'elles.

Vous êtes belle. Sentez-vous belle et vous le deviendrez aux yeux des autres.

« La beauté est dans les yeux de celui qui regarde. »
Oscar Wilde

5. L'OUVERTURE DU CŒUR

Les femmes sont nées pour aimer et pour être aimées. Elles inspirent l'amour. Elles sont maternelles et ouvrent les bras pour accueillir le besoin de tendresse et d'amour de chacun. Elles sont capables de donner de l'amour même quand elles n'en reçoivent pas en retour. Partagez tout l'amour qui est en vous et ouvrez le cœur des hommes. Enseignez l'amour par votre exemple, pardonnez à ceux qui vous ont blessée, libérez-vous et laissez libre cours à la puissance de votre amour. Votre capacité d'amour est immense. Pourtant, parfois, votre cœur se ferme, car vous avez été blessée. Osez aimer à nouveau, car votre puissance de femme réside dans votre cœur.

6. L'EMPATHIE

Les femmes savent particulièrement écouter et montrer de l'empathie. Elles sont émotionnelles et ressentent les émotions des autres. Elles éprouvent de la compassion face à la souffrance ou à la tristesse de quelqu'un. N'oubliez pas d'écouter vos propres besoins et de prendre la responsabilité d'y répondre. Vous êtes puissante quand vous êtes consciente de vos besoins et de vos désirs. Votre épanouissement personnel entraîne une véritable et profonde écoute de l'autre.

7. L'ACCUEIL

C'est une des grandes qualités de la femme : accueillir les autres tels qu'ils sont, accueillir la vie, accueillir et accepter ce qui est là. Quand les émotions sont accueillies, elles sont à 90 % guéries, et les femmes savent très bien faire cela. Elles sont dotées de cette écoute empathique qui met du baume sur les blessures. Lorsqu'elles sont entre elles, les femmes savent déposer ce qu'elles ont sur le cœur, car elles ont la certitude de trouver chez leurs semblables cette écoute empathique qui leur permet d'aller au fond d'elles-mêmes et d'y trouver la solution.

8. L'INSPIRATION

Les femmes reçoivent des messages, des informations, des intuitions. Quand elles se relient à leur intériorité, elles peuvent savoir quand elles vont ovuler. Elles comprennent le geste à faire pour apaiser quelqu'un. En fait, être inspirée, c'est devenir «canal», comme si la pensée à ce moment-là venait de plus haut. Pour cela, revenez à votre femme sauvage, qui est sensible à la Lune, qui marche régulièrement dans la nature, qui sent ce qu'elle a besoin de manger, qui connaît les rythmes de son corps et de la terre, qui sait alterner sa vie à l'extérieur et sa vie à l'intérieur d'elle-même. Votre source d'inspiration se trouve en vous.

9. LA CONNEXION SPIRITUELLE

Les femmes sont naturellement connectées. Elles reçoivent des messages du ciel, voient les anges et connectent parfois la déesse en elles.

C'est en cela qu'elles peuvent être des initiatrices pour leurs compagnons et leurs enfants. Dans le domaine de la sexualité, la femme était initiatrice dans les temps anciens. Aujourd'hui, elle ne connaît pas son corps. Les femmes des pays civilisés ne sont pas libérées, et il est parfois difficile de parler sexualité avec elles. Pourtant, ce domaine les touche autant que les hommes.

La femme est naturellement une initiatrice. La plupart du temps, les hommes viennent en stage de développement personnel accompagnés ou poussés par leur femme.

Soyez consciente de cette connexion à quelque chose de plus grand que vous. Parlez de ce que vous ressentez et, peu à peu, vous serez entendue et écoutée.

10. LA FANTAISIE

La fantaisie est un mélange d'imagination, de liberté et d'originalité.

Retrouvez votre petite fille intérieure libre, spontanée, joyeuse. C'est cette fantaisie que recherchent souvent les hommes. Ils sont parfois très sérieux, car de nombreuses responsabilités pèsent encore sur leurs épaules. Dans les pays riches, les femmes ont finalement hérité de la même responsabilité que les hommes, celle de nourrir la famille, avec en plus celle des tâches ménagères et de l'éducation des enfants. Lâchez le trop-plein, osez demander du soutien et accordez-vous du temps.

Apportez de la légèreté là où vous êtes. Abandonnez la peur du regard de l'autre et laissez votre spontanéité s'exprimer librement. Amusez-vous, riez, sautez, dansez, chantez, croquez la vie à pleines dents. Vous vous sentirez tellement vivante !

11. LA GRÂCE

« Renoncer à tout ce qui n'est pas la grâce
et ne pas désirer la grâce. »
Simone Weil

La grâce va de pair avec l'élégance, le charme, le raffinement. C'est un don qui est souvent inné, mais qui peut aussi s'apprendre. Il y a des pays où les mères apprennent à leurs filles à marcher, à parler, à se comporter en société, à chanter, à danser. Elles leur apprennent même comment se comporter avec un homme. Cherchez la grâce dans votre voix, vos gestes, votre façon de regarder. Arborez un regard clair et franc, un sourire illuminant votre visage, un maintien de reine. Sentez-vous pénétrée de cette grâce. Dans mes ateliers de femmes, je donne à chacune un diadème. Le fait de le porter change la posture et la façon de penser. Osez les chapeaux, ils vous donnent un style et une prestance extraordinaire.

12. LA PUISSANCE

Les femmes sont puissantes et fortes. Elles possèdent énormément d'endurance et de résistance. Cette puissance peut faire peur à certains hommes. Nous pouvons être désespérées un soir et nous lever le lendemain pour effectuer nos tâches et prendre soin des autres. C'est une puissance qui vient de nos entrailles, celle qui nous donne la force de mettre un enfant au monde. Elle peut être mise au service de la vie. Ressentez cette puissance à l'intérieur de vous comme une sève qui circule dans tout votre corps et répétez-vous que vous êtes puissante, afin de le conscientiser davantage.

13. LE COURAGE

Les femmes sont des guerrières de lumière.

« Le courage n'est pas l'absence de peur,
mais la capacité de la vaincre. »
Nelson Mandela

Les femmes ont besoin d'être rassurées, protégées. En même temps, elles sont courageuses et affrontent des situations difficiles sans faillir.

Témoignage de Patricia :

« On m'a toujours dit que j'étais courageuse, pourtant il me semblait que je faisais juste ce qui était de mon ressort. Puis, mon fils aîné a commencé à boire au moment de l'adolescence. J'ai enduré pendant des années sa souffrance, sa violence, les allers-retours au commissariat où il échouait parfois au terme d'une soirée, les draps salis, les pompiers, les démêlés avec la justice, les démarches administratives, avant qu'il ne soit pris en charge par une institution spécialisée. J'ai fait tout cela parce que c'était mon fils. Je ne sais pas si j'ai eu tort ou raison, c'était mon choix. Alors, oui, je dois probablement être courageuse, car je ne me suis pas écroulée, j'ai continué à avancer malgré ce drame terrible. »

EXERCICES

Exercice 1 : Renforcer vos qualités féminines

Découpez les qualités données ci-dessous, pliez-les en deux, puis mettez-les dans une corbeille que vous déposerez à l'entrée de votre habitation. Chaque matin, tirez un papier et focalisez-vous sur cette qualité tout au long de la journée.

Douce	Tendre	Attentionnée	Coquette	Dévouée	Souriante
Gracieuse	Rieuse	Pudique	Attentive	Aimante	Sensible
Jolie	Belle	Forte	Amoureuse	Maternelle	Propre
Rangée	Patiente	Accueillante	Compatissante	Inspirante	Rêveuse
Charmante	Raffinée	Soigneuse	Fertile	Initiatrice	Stable
Éducatrice	Mystérieuse	Protectrice	Insaisissable	Battante	Brillante
Élégante	Sensuelle	Connectée spirituellement	Courageuse	Puissante	Intuitive
Réceptive	Généreuse	Partageuse	Communicante	Aimante	Juste
Joyeuse	Lumineuse				

Le cerveau humain est parcouru de pensées tout au long de la journée. Il a besoin d'une intention et de directives claires afin de se focaliser sur une chose précise. Imaginez que vous tiriez le papier « Réceptive » le matin. Observez tout au long de votre journée comment vous pouvez développer votre réceptivité par rapport aux personnes et aux situations que la vie vous propose. Le simple fait de vous dire « Aujourd'hui, je suis réceptive » va déjà installer cet état en vous. Si vous vous le dites des dizaines, voire des centaines de fois dans une journée, vous allez reprogrammer votre inconscient et développer cette qualité de réceptivité. Ajoutez à cela le fait d'être pleinement consciente et d'observer des situations dans lesquelles vous êtes en réceptivité, et vous allez peu à peu intégrer davantage cette qualité en vous. De plus, le fait de mettre cette réceptivité en avant va vous permettre de voir cette qualité chez d'autres personnes, dont vous allez vous inspirer afin de l'amplifier chez vous !

Exercice 2 : Installer l'énergie féminine en vous

Votre énergie féminine se situe dans votre corps, dans votre façon de parler, de marcher, de vous déplacer, de vous tenir… Chez chacune d'entre nous existent des centres énergétiques. Les plus connus sont les sept chakras. Ceux qui vous relient à votre polarité féminine sont :

- Le chakra du cœur : Ce point est situé au centre de votre poitrine. En fait, toute votre poitrine, vos seins, vos mamelons constituent un centre énergétique très puissant chez vous.
- Le deuxième chakra ou chakra sacré, qui correspond à l'énergie sexuelle : situé juste au-dessous du nombril, il est aussi appelé *Dan tian* en médecine chinoise et dans les arts martiaux.

Commençons par une méditation pour ressentir ces deux points. Choisissez une musique douce. Installez-vous confortablement. Fermez les yeux. Prenez plusieurs respirations longues et profondes. Entrez progressivement en lien avec votre intériorité. Laissez passer les pensées sans vous y attarder. Soyez à l'écoute de votre souffle. Ressentez la vie en vous, sentez-la circuler dans chacune de vos cellules. Puis, imaginez qu'une pluie de lumière dorée vous enveloppe de chaleur, de joie et de douceur. Vous vous sentez paisible et en sécurité. Continuez à respirer profondément, en écoutant votre rythme intérieur. Relâchez la mâchoire et installez un sourire sur vos lèvres. Écoutez une musique douce et fondez-vous en elle. Sentez la paix et la lumière inonder tout votre corps. Visualisez la mer. Imaginez que vous vous promenez sur une plage éclairée par la Lune. Observez la mer et sentez que votre rythme s'harmonise avec le flux et le reflux. Ressentez les battements de votre cœur. Installez-vous dans son rythme. Portez votre attention sur le point situé au milieu de votre poitrine. Visualisez que votre cœur irradie la paix et l'amour, que des rayons bleus, jaunes et roses en partent et illuminent le monde. Posez vos mains sur le chakra du cœur. La vibration de votre cœur est puissante. Envoyez de l'amour à toutes les personnes prêtes à le recevoir. Votre cœur est votre plus grande force. Ressentez l'amour qui en déborde. Sentez votre poitrine devenir immense afin de contenir tout l'amour qui est en vous. Restez quelques instants, paisiblement connectée à l'énergie de votre cœur et à sa puissance.

Puis, descendez votre attention dans votre corps jusqu'au centre énergétique situé deux doigts sous le nombril. Visualisez la couleur orange dans cette région. Ce chakra représente votre féminité. Ressentez votre bas-ventre, vos hanches, vos organes internes, votre utérus et votre vagin. Prenez des respirations douces et légères en faisant partir la respiration de cet endroit. Posez vos mains sur cette zone sacrée de votre corps. Sentez la force magnétique de ce lien, votre féminité profonde. Ressentez que cette partie de votre corps, actuellement sous vos mains, vous apporte la créativité, la joie, le contact facile avec les autres, l'adaptation au changement, la sensualité et une sexualité authentique et épanouie.

Puis, unifiez les deux centres de votre féminité. Sentez que celle-ci se trouve à l'intérieur de votre corps. Visualisez l'air qui circule de votre sexe à votre cœur. Puis, placez votre attention à la fois sur votre cœur et sur vos organes sexuels. Envoyez l'amour depuis votre cœur et sentez l'énergie partir de votre bas-ventre. Ressentez à quel point ces deux centres sont reliés l'un à l'autre.

Prenez trois respirations profondes, puis revenez doucement de cette médiation unifiée, souriante, légère, joyeuse et profondément ancrée dans votre féminité.

Plus vous pratiquerez cette méditation et plus vous maîtriserez cette méthode de connexion à votre féminité. Dans votre quotidien, ressentez le plus possible l'énergie féminine en vous. Plusieurs fois par jour, respirez à partir de votre bas-ventre et ressentez l'amour depuis votre cœur. Bougez, marchez, parlez, en mettant votre conscience à la fois dans votre utérus et dans votre poitrine. Entraînez-vous encore et encore à respirer à travers votre utérus ou votre cœur. Cette énergie féminine va circuler à l'intérieur de vous. Aidez-la avec des pratiques pour le corps comme la danse libre, le yoga, le tai-chi chuan ou la Biodanza. Faites-vous masser, prenez un bain moussant.

Votre féminité se trouve à l'intérieur de votre corps.

Plus vous êtes connectée à votre corps et plus votre féminité est présente, et cela se voit. Vous attirerez des compliments, une attention respectueuse, une écoute que vous ne connaissiez pas auparavant.

Exercice 3 : Affirmations positives

Je suis une femme merveilleuse.

J'aime mes qualités féminines.

Je suis fière d'être une femme.

Toutes les femmes sont mes sœurs.

J'ouvre mon cœur chaque jour.

Je regarde le monde avec les yeux de l'amour.

Être une femme est un atout dans la vie.

Mes qualités féminines sont là pour créer un monde plus humain et plus aimant.

Je reconnais les qualités féminines et masculines qui sont en moi.

Je me connecte avec ma partie féminine pour apporter plus d'amour en ce monde.

Je rayonne de douceur et d'amour.

Je choisis d'être douce et tendre avec moi et avec ceux que j'aime.

Je reconnais l'énergie de la déesse en moi.

J'aime être une femme.

Ma féminité est ma plus grande force.

Je peux tout réaliser à partir de mon cœur.

J'apporte ma puissance de femme au monde.

Je me relie chaque jour à ma puissance féminine.

Ma féminité est mon plus grand atout.

Être une femme est un cadeau.

CHAPITRE VIII

Explorer sa créativité

1. VOUS ÊTES CRÉATIVE !

Nous sommes plus souvent guidées par nos montres que par notre inspiration. Nous tentons de répondre le mieux possible aux demandes de ce monde qui va très vite et nous abreuve quotidiennement de nouvelles informations. En tant que femmes, nous avons à cœur de répondre à ces sollicitations, et nous agissons alors en mode robot, en exécutant les tâches les unes après les autres, sans prendre de recul.

La créativité est une grande qualité féminine. Elle vient de l'intérieur de soi. Le féminin est associé à l'intérieur et le masculin est associé à l'extérieur. Toute créativité nous entraîne vers la créativité existentielle, vers la création de notre vie.

La créativité consiste à faire quelque chose de différent de ce qui est déjà là. Créer, c'est innover, c'est faire quelque chose de différent, quelque chose qui vient de soi.

La créativité est une initiative qui vient du cœur.

Créer nous procure le goût de la vie, la passion, l'enthousiasme, la joie. En vivant selon une routine planifiée, nous perdons notre âme et nous mourons à l'intérieur de nous. Sans créativité, il n'y a pas d'évolution personnelle.

« La folie est de toujours se comporter de la même manière et de s'attendre à un résultat différent. »
Albert Einstein

Vous créez quand vous choisissez votre coiffure, vos vêtements, une autre manière de communiquer, quand vous trouvez une solution, quand vous décorez votre espace, quand vous élevez des enfants, quand vous lancez une idée, un concept ou un projet.

Il n'y a pas de limite à la créativité.

Témoignage de Céline :

« J'ai commencé ma vie professionnelle dans un service après-vente. Je croyais n'avoir aucune créativité, juste quelques compétences techniques. Quand je me suis lancée dans une activité de formatrice, j'ai découvert que j'aimais innover dans la préparation et l'animation de mes ateliers à chaque fois de façon différente. Je me suis mise à chercher des anecdotes, des exercices illustrant les propos théoriques et j'ai découvert un espace de créativité immense à l'intérieur de moi. Depuis, j'ai conscience que je crée en permanence, par mes idées et par mes actes. La créativité fait partie de ma vie et m'apporte beaucoup de joie. Je me sens enfin vivante. »

Rappelez-vous ce que vous avez réalisé pour un anniversaire, une fête, un mariage : cela va du plat que vous avez concocté au discours que vous avez préparé, au spectacle que vous avez inventé... Plus vous prenez conscience de votre créativité, plus elle est en éveil, et plus vous créez facilement à chaque instant.

La créativité intervient notamment dans le domaine des relations. Chaque relation est une création, et vous pouvez créer quelque chose de différent si ce que vous vivez ne vous convient pas. Vous pouvez transformer n'importe quelle relation en l'abordant de façon différente. Dans les relations de couple, par exemple, nous avons tendance à reproduire le schéma relationnel de nos parents. Utiliser un autre mode de communication demande de la créativité.

Vous ne pouvez pas décider de devenir créative au moment où vous en avez besoin. Cela se forge au fil de la vie, en cultivant un regard panoramique et curieux qui se nourrit de ce qu'il observe. Demandez l'inspiration créative, non seulement pour votre quotidien, mais également pour votre vie. Les femmes sont créatrices de vie. Elles embellissent le monde. Elles peuvent apporter la paix, la joie et l'amour, pour que, peu à peu, le monde devienne plus doux et la Terre plus agréable à vivre. Pour cela, sortez de votre coquille et devenez créative. Ce n'est pas en faisant comme les hommes que vous changerez le monde. L'heure n'est plus aux guerres, aux conflits. L'heure est à la solidarité, à l'entraide, à la bienveillance, à la gentillesse, à la douceur. Reliez-vous à votre créativité pour changer votre vie et pour changer le monde !

2. ÉCOUTER SON CŒUR

Le cœur est un centre énergétique mille fois plus puissant que le cerveau. Il vous apporte de formidables élans créateurs. Il est vital pour les femmes de se centrer régulièrement sur leur cœur, en s'octroyant des moments de solitude, de respiration, de méditation et de silence. Comme la vie est un balancier, il est tout aussi essentiel de sortir dans le monde, de faire de nouvelles expériences, des rencontres.

L'alternance des mondes intérieur et extérieur vous apporte l'équilibre et la force.

Ce qui rend la vie palpitante, c'est de laisser des traces de nous-mêmes, de sentir que nous avons une influence sur le monde. Qu'avez-vous envie d'exprimer ? Qu'est-ce qui est important pour vous ? Quelle image de vous avez-vous envie de laisser derrière vous ?

Tous ceux qui ont innové sont partis d'une intention positive envers les autres :

- Les aider, les accompagner.
- Leur apporter de l'attention.
- Faciliter leur vie.
- Leur redonner le sourire.
- Leur fournir un produit ou un service destiné à transformer leur vie pour l'améliorer.

La créativité est également sollicitée au service de soi-même pour se simplifier les tâches, pour gagner du temps, pour augmenter son efficacité ou pour améliorer son confort de vie.

Quelles sont vos intentions pour vous ? Pour les autres ? Pour la planète ?

La créativité naît également dans des moments de crise, de rupture, de doutes, de deuil, de limites.

Témoignage de Frédérique :

« Suite à une rupture sentimentale difficile, je me suis retrouvée seule, triste et en colère. Mes pensées tournaient en boucle sur ma relation passée. Il fallait que je trouve un exutoire, j'avais l'impression de devenir folle. Au retour d'un footing, j'ai commencé à écrire. Les mots couraient sur la feuille. La frustration, la déception et la hargne m'apportaient une formidable énergie que j'ai mise au service de la création d'un livre.

Depuis, j'ai rencontré un homme charmant avec lequel nous vivons une belle relation d'amour. Comme il part souvent en déplacement, au lieu de m'appesantir sur le manque, la solitude, la tristesse, je mets ces énergies au profit de ma créativité. Alors, à son retour, il découvre une sculpture, une pièce repeinte ou de nouveaux poèmes. »

3. EXPRIMER TOUS SES POTENTIELS

Ouvrez votre champ de vision pour inventer de nouveaux chemins. Laissez-vous inspirer par la vie. Adoptez une attitude d'ouverture et de réceptivité pour recevoir les cadeaux de la vie.

« Nous avons tous un potentiel de créativité,
il faut savoir s'inspirer de tout et laisser sa chance aux idées. »

Béatrice Duboisset, organisatrice du 1er TEDx Women à Paris

Votre créativité se nourrit de tout ce que vous expérimentez, de ce que vous voyez ou entendez. Un mot peut devenir le germe d'un immense projet. Avancez dans la vie en ouvrant vos antennes pour capter des idées, des courants, des vibrations. Devenez curieuse. Les premiers humains ne sont pas sortis de leur grotte seulement pour aller chercher de la nourriture, mais aussi par curiosité, pour découvrir autre chose.

L'esprit humain recherche la variété. Avancez dans la vie en état d'ouverture et de réceptivité.

« L'esprit humain est comme un parapluie,
il fonctionne mieux lorsqu'il est ouvert. »
Darry Cowl

Nous avons besoin de curiosité et de variété dans nos vies. La créativité nous permet de transcender un quotidien routinier. Elle peut s'inspirer de tout !

Le monde est notre source d'inspiration.

Vos meilleures idées apparaissent quand vous marchez dans la rue, regardez une affiche publicitaire ou parlez à un ami.

Développer vos potentiels implique de sortir de vos schémas habituels, de changer progressivement votre manière de voir le monde. Votre imagination est à votre service pour inventer de nouveaux chemins. Stimulez votre créativité en changeant vos meubles de place, en achetant de nouveaux ingrédients, en allant dans des magasins inconnus, en parlant à des personnes différentes, en voyageant à travers le monde. Au début, cela pourra vous perturber, car vous sortirez de votre zone de confort. Apprenez à aimer ces challenges, car grâce à eux, vous évoluerez.

Le regard des autres, notamment des proches, n'est pas toujours accueillant par rapport à nos innovations. Laissez-leur le temps de s'habituer. Gardez à l'esprit la grande résistance au changement des humains.

Je vous invite à dédier un cahier à votre créativité. Écrivez-y toutes vos idées au fur et à mesure qu'elles vous viennent, afin de ne pas les oublier. Chacune a la même valeur, ne vous censurez pas. Il serait dommage que toutes ces idées restent lettres mortes. Concrétisez-les par des actes tangibles, en tenant compte de vos priorités du moment. Faites appel à votre principe masculin pour cela. Relisez régulièrement votre carnet d'idées et, à chaque fois, décidez d'en réaliser quelques-unes.

Grâce à ces réalisations, vous vous sentirez pleinement vivante, motivée pour exprimer la vie à l'intérieur de vous.

EXERCICES

Exercice 1 : La liste de mes créations

La première étape pour développer votre créativité consiste à reconnaître que vous êtes déjà créative. Les femmes trouvent tellement d'idées et de solutions pour faire face à l'impermanence de la vie ! Voyez à quel point vous avez imaginé des stratagèmes pour dénouer des situations difficiles. Soyez fière de cette créativité qui fait que vous êtes cette femme aujourd'hui.

L'exercice suivant vous demande un temps d'introspection et d'écoute intérieure. Revisitez votre histoire personnelle pour y traquer vos élans de créativité personnelle.

Qu'est-ce que j'ai créé hier ? (Dans mon passé)

....

....

....

....

....

....

....

....

En quoi suis-je créative aujourd'hui ?

....

....

....

....

....

....

....

....

Qu'est-ce que j'aimerais créer demain ? (Dans mon avenir)

....

....

....

....

....

....

L'attention que vous porterez à votre partie créative va exacerber celle-ci. J'espère que vous allez dire : « *Finalement, je suis créative !* »

Exercice 2 : Créer dans la matière

Une excellente façon de stimuler votre créativité est de réaliser quelque chose avec vos mains, sans mettre en œuvre votre mental. Cela peut être de la poterie, dessiner des mandalas, faire votre pain. Choisissez une activité qui vous permette en même temps de laisser votre mental vagabonder. Si vous jouez du piano, vous devez être concentrée sur votre morceau et votre jeu, et il est impossible de penser à autre chose.

Pour cet exercice, munissez-vous de pâte à modeler. J'adore arriver dans cette session lors du programme en présentiel et sortir mes pots de pâte à modeler et voir les visages s'illuminer. La plupart d'entre nous n'ont plus joué avec de la pâte à modeler depuis l'enfance. Si vous prenez de la terre, vous n'avez pas la même connexion avec votre enfant intérieur, joyeux et libre. Vous pouvez faire une session à plusieurs, en respectant la consigne de ne pas parler afin de rester en lien avec vous-même. Puis, laissez vos mains modeler, marier les couleurs, imaginer. Surprenez-vous. Lâchez prise avec la recherche d'un résultat. Je suis toujours émerveillée d'observer les visages des femmes en train de malaxer de la pâte à modeler. Il émane une joie incroyable qui rajeunit chaque femme et la rend rayonnante.

En jouant ainsi avec vos mains, vous vous reliez à votre créativité profonde, et vous libérez surtout votre esprit de ses contraintes et des idées nouvelles peuvent ainsi apparaître.

Le stress est un grand ennemi de la créativité. Quand vous êtes tendue, vous fermez la porte à de nouvelles inspirations. Apprenez à calmer votre esprit afin que l'idée miraculeuse arrive comme par enchantement. Imaginez que vous cherchez un objet perdu dans un étang. Quand vous remuez le fond de l'étang, la vase se soulève et obscurcit le fond. Quand vous la laissez reposer, l'eau devient claire et vous pouvez attraper l'objet perdu au fond de l'eau. Quand vous vous agitez dans tous les sens, vous brassez la vase et vous n'avancez pas. Laissez se déposer quelque chose en vous pour obtenir la clarté.

Apprenez à être fière de vos créations, et surtout à ne pas les dévaloriser.

Témoignage d'Amélie :

« J'ai suivi les conseils de Valérie et je suis allée au magasin de jouets à côté de chez moi pour acheter de la pâte à modeler. J'ai mis un fond de musique agréable et j'ai commencé à tout déballer et à toucher, à sentir, à malaxer, à mélanger les couleurs. C'est incroyable, la joie et la légèreté que cela m'a procurées ! J'avais l'impression d'être une petite fille qui avait pour seul objectif de m'amuser. Moi qui ai tant de mal à me concentrer, j'étais complètement dans l'instant. Cela m'a procuré un tel enthousiasme que j'ai proposé une séance à mes amies. Quelle partie de rire ! Elles ont toutes apprécié cette proposition. Je crois que nous, les femmes, nous avons besoin d'espace pour lâcher le sérieux, les tensions, les obligations et la perfection. Quel joyeux moyen de le faire ! »

Exercice 3 : Phrases affirmatives

Je suis reliée à ma créativité.

Je crée en toutes circonstances.

J'aime la femme créative que je suis.

Je fais confiance à mon talent créatif pour m'adapter à chaque situation.

Je suis très créative et j'aime ça.

Je décide de créer une vie que j'aime.

Je crée ma vie en conscience à chaque instant.

Je suis tellement heureuse de créer cette vie merveilleuse !

Chacune de mes créations est une belle expression de moi.

Je suis fière de ce que j'ai créé dans ma vie.

Je vis donc je crée.

Si quelque chose ne me va pas, je crée autre chose.

Chapitre IX

Passer à l'action

Le principe féminin accueille. Le principe masculin agit. Unifiez votre féminin et votre masculin pour vous laisser inspirer de nouveaux projets puis agir.

Au fur et à mesure de la lecture de ce livre, vous avez intégré les principes féminins à l'intérieur de vous, un féminin puissant et accueillant à la fois. Vous savez clairement ce que vous voulez. Voici le moment de vous relier à votre principe masculin. La femme puissante a travaillé pour harmoniser le masculin et le féminin à l'intérieur d'elle. Elle sait exactement quand se relier à sa partie féminine et quand se relier à sa partie masculine.

Prenez vos décisions à partir du cœur, puis agissez !

Il est temps de sortir de l'ombre, de vous exprimer, de partager vos rêves, vos désirs, vos envies. D'autres l'ont dit avant moi : « Femmes, réveillez-vous ! »

« Si vous voulez rêver, réveillez-vous ! »
Jules Renard

En enrichissant le monde grâce à la réalisation de vos rêves de femmes, vous contribuerez à créer un univers plus doux, plus aimant et plus joyeux.

1. S'ENGAGER DANS UN PLAN D'ACTION

« Au moment où l'on s'engage de manière définitive, alors la Providence se met en marche aussi ; toutes sortes de choses arrivent pour nous aider qui ne seraient pas arrivées autrement. Tout un courant issu de cette décision se met en place, créant en notre faveur des événements imprévisibles, des rencontres et de l'aide matérielle qu'on n'aurait jamais pu imaginer arriver. »
Murray

Quand vous dites « Je m'engage » ou « Je décide », des forces puissantes sont mobilisées, alors que la phrase « Il faut que je fasse cela » fait considérablement baisser votre énergie et votre motivation. Bannissez-les « Il faut » de votre vie pour les remplacer par « J'ai envie, je désire, je décide de ».

Lire un livre, regarder des vidéos, comprendre des concepts, constituent la première étape du changement. Ensuite, si vous désirez une réelle transformation de votre vie, il est essentiel d'appliquer les concepts et les outils, et de faire les exercices. Beaucoup de personnes passent une grande partie de leur vie à aller de stage en stage, sans appliquer dans leur vie quotidienne ce qu'elles apprennent.

« La paresse n'est pas le repos : c'est l'absence de force et de motivation. »
Frédéric Lenoir

J'accompagne les personnes, par mon énergie, à passer à l'action, à appliquer la stratégie des petits pas, en posant des actes chaque jour. Au cours de cet ouvrage, vous avez été invitée à réaliser de nombreux exercices. Le chemin va se poursuivre au-delà de ce livre. Vivre reliée à votre féminité peut devenir une priorité et une façon de vivre plus naturelle, responsable et vivante.

N'attendez pas d'être sûre de réussir pour vous mettre en route. Si vous n'obtenez pas le résultat escompté, engagez d'autres actions.

Ce qui vous empêche d'agir, c'est la peur d'échouer, de vous tromper, de ne pas être parfaite ou adéquate. Paradoxalement, la seule façon de dépasser la peur est d'agir. Si vous éprouvez vraiment des difficultés à vous mettre en mouvement, mettez vos baskets et allez marcher. Quand vous n'avancez pas, vous régressez. Gardez l'habitude du mouvement en effectuant au moins une tâche par jour.

2. CONSEILS POUR PASSER À L'ACTION

Voici quelques conseils pour vous aider à appliquer votre plan d'action et à vous mettre en mouvement en direction de vos rêves, de vos objectifs, de vos projets et de vos buts.

J'apprends en faisant

N'attendez pas de tout savoir pour commencer. C'est dans l'action que vous apprenez le plus.

Il vaut mieux réaliser des actions imparfaites que de parfaites inactions.

Prenez du temps pour réfléchir et vous préparer, puis pour matérialiser vos rêves en posant des actes.

Je grandis avec chaque expérience

Arrêtons d'appeler «échecs» les expériences dont le résultat n'est pas conforme à nos attentes. Échouer, ce serait perdre la face et s'exposer aux critiques ou aux moqueries. Pourtant, nous apprenons de nos erreurs. Il n'y a aucun apprentissage lorsque vous faites les choses parfaitement. Parfois, vous devez vous tromper plusieurs fois avant de réussir. Chaque erreur est une occasion pour vous améliorer.

Je reviens à mon intention

Vous avez tendance à être focalisée sur le résultat. Vous ne pouvez pas prédire ce qui va se produire. Quand vous doutez, quand vos projets n'avancent pas comme vous le désirez, quand vous procrastinez, quand vous vous sentez démotivée, revenez à votre intention de départ. D'où l'intérêt de l'avoir clarifiée.

J'abandonne un idéal inatteignable

Avez-vous le désir d'une vie linéaire, faite uniquement de joie, sans aucune imperfection? Nous l'avons déjà évoqué, la perfection n'est pas de ce monde. L'attente entraîne le risque d'être déçue. Vous pourriez même vous ennuyer dans une telle existence lisse et prévisible. Regardez devant vous la tâche que vous allez réaliser et faites-la.

Je prends plaisir au chemin

Nous visons uniquement le but alors que le chemin nous fait grandir et évoluer. Parfois, nous ne ressentons même pas de grande joie quand nous obtenons le résultat escompté. Mais nous avons d'excellents souvenirs du chemin parcouru, des embûches, des défis, de tout ce que nous avons surmonté.

Je décompose les tâches en sous-tâches

Comment mange-t-on un mammouth ? Petit bout par petit bout. Certaines tâches se dressent devant vous telles des montagnes. Elles ne vous motivent pas pour commencer à grimper, tellement elles vous paraissent gigantesques. Découpez ces grandes actions en un sous-ensemble de tâches plus faciles à effectuer.

Je célèbre chaque pas effectué

Cela va vous motiver pour faire les suivants. Regardez avec joie le chemin déjà parcouru et félicitez-vous. Même si le résultat est différent de ce que vous aviez prévu, soyez fière d'avoir agi !

Je développe ma concentration

L'esprit des femmes court plus vite que le vent. Vous pensez au repas de ce soir, aux courses à faire, aux papiers à classer... Votre esprit est accaparé par tant de tâches ! De plus, vous avez l'impression qu'elles ont toutes la même importance et la même date de réalisation : maintenant. Obligez-vous parfois à ne faire qu'une chose à la fois. Décidez de vous concentrer sur une tâche pendant vingt minutes. Interdisez-vous pendant ce temps de lire vos mails, de répondre au téléphone ou de manger un carré de chocolat.

J'écoute mon intuition

Comment reconnaître la voix qui vous parle ? Votre intuition vous délivre son message une seule fois, alors que votre mental vous envoie les mêmes messages en boucle. Quand votre intuition vous parle, écoutez-la et agissez dès que possible, sinon vous risquez d'oublier son précieux message.

Je continue joyeusement à apprendre

Celle qui n'apprend plus rien régresse. Soyez une apprentie toute votre vie. Toute nouvelle action est une fabuleuse occasion d'apprendre, à la fois sur vous-même, sur vos façons de fonctionner et sur la vie. Si vous restez dans les gestes et les activités connus, vous n'apprendrez plus rien et vous n'évoluerez pas.

J'agis avec bienveillance et conscience

La bienveillance est une qualité du cœur qui indique le respect, la compréhension, la bonté, la tolérance envers autrui. La conscience est une qualité de l'esprit indiquant la présence, l'attention, la focalisation à la fois sur ce qui se passe en vous et à l'extérieur de vous. En alliant ces deux aptitudes, vous agissez avec plus de force et de souplesse.

J'installe une discipline hebdomadaire

N'écoutez pas votre tendance à vous rebeller contre tout type de contrainte. Fixez-vous des limites comme faire du sport chaque jour, écrire trente minutes tous les matins, faire une pause toutes les deux heures. Vous serez fière d'avoir tenu vos engagements et cela va augmenter fortement votre estime de vous-même.

J'entretiens ma motivation

Elle vous apporte l'élan tous les matins pour avancer dans vos projets et accomplir les tâches que vous avez choisies. C'est à vous d'aller chercher l'énergie en vous pour continuer à avancer. Écrivez pourquoi vous avez décidé de faire ces actions et relisez vos motivations régulièrement.

J'utilise les nouvelles technologies

Certaines paraissent incontournables, comme le téléphone portable ou le mail. Si vous êtes entrepreneur, vous serez plus visible sur un site ou sur un blog. Ne faites pas de résistance, sous prétexte que vous faisiez autrement auparavant. Vivez avec votre temps le plus possible.

Je sors de ma zone de confort

La vie commence quand on sort de sa zone de confort. Et puis, votre zone de confort n'est peut-être pas si confortable que cela. Il est plus facile de rester dans vos habitudes que de risquer un pied dehors. La vie va de plus en plus vite et vous demande de vous adapter à tous ses changements. Lâchez votre attachement à vos façons d'être et de faire, et ouvrez-vous à la nouveauté.

Je ressens de la gratitude

Merci est un mot magique, et pas seulement pour les enfants. Remerciez pour le fait d'être vivante, d'avoir un toit, un travail, remerciez pour le fait d'aimer des personnes, pour votre corps qui est merveilleux, pour vos idées… Remerciez pour toutes les occasions d'évoluer que vous offre la vie.

EXERCICES

Exercice 1 : La préparation à l'action

Quand les sportifs arrivent sur le terrain, ils chantent l'hymne national avant de commencer à jouer. Les All Blacks, l'équipe nationale de rugby de la Nouvelle-Zélande, ont rendu célèbre le haka, un chant maori ayant pour but d'impressionner leurs adversaires. Le premier bénéfice de ces rituels est de rassembler les troupes autour d'un même objectif et de se mettre dans une projection de victoire.

Témoignage d'Isabelle :

« J'avais l'habitude de procrastiner. Je me sentais très mal, et vraiment pas fière de moi. Suite à un atelier, j'ai créé un mantra : "Je m'épanouis dans l'action et je réussis facilement mes projets, je suis aidée par la vie." Je répète cette phrase trois fois, je saute trois fois sur place, je prends un comprimé de vitamine C ou un verre de jus de fruits, puis je m'y mets immédiatement. Je suis époustouflée du résultat ! Enfin, j'agis et ça se voit. »

Toute action réalisée à partir d'un état d'esprit positif verra son impact décuplé.

Que pouvez-vous faire pour ressentir de la joie, de la confiance et de l'enthousiasme avant d'agir ?

Voici quelques suggestions :

- Répétez un mantra du style « Je réussis tout ce que j'entreprends ».

- Pratiquez la méditation pour calmer votre esprit.
- Bougez, sautez sur place, courez pour activer votre énergie et réveiller vos cellules.
- Sortez dix minutes pour vous aérer.
- Créez un symbole de votre réussite et regardez-le ou touchez-le, avant chaque action importante.
- Téléphonez à une personne qui vous encourage.
- Visualisez votre corps empli de lumière et sentez sa puissance.
- Soulevez des haltères, faites du sport, courez.
- Dansez sur une musique dynamique et entraînante.

À vous de mettre en place des rituels de passage à l'action. Je propose de changer régulièrement de rituel, afin de ne pas s'y s'habituer ni de l'effectuer machinalement.

Exercice 2 : Mon plan d'action

Si vous lisez des livres, regardez des vidéos, faites des stages de développement personnel et que vous ne posez pas d'actes ensuite, cela n'aura que peu d'effet sur votre vie. Répétez une action jusqu'à ce qu'elle devienne votre nouvelle habitude.

Quels sont les trois points que vous vous engagez à mettre en œuvre à partir de maintenant ?

Formulez ces trois actions de manière positive. Notez des actions concrètes. Si vous choisissez de faire du sport, précisez les sports choisis, la fréquence hebdomadaire et la durée. « Je cours quarante minutes les samedis et dimanches matin, je vais à la piscine le mardi midi et je fais du yoga le jeudi soir. »

1

....

....

....

....

2

....

....

....

3

....

....

....

Datez et signez ce plan d'action qui va vous propulser vers la réussite de votre nouvelle vie de femme épanouie et heureuse. Si l'une de vos amies choisit également de faire les exercices de ce livre, engagez-vous à deux, cela vous aidera mutuellement. Faites-lui part de votre plan d'action et faites le point avec elle à intervalles réguliers pour échanger sur les actions réalisées et les pas effectués en direction de vos buts et de vos rêves. Le fait de devoir témoigner de vos avancées à un tiers va vous motiver pour tenir vos engagements.

Exercice 3 : Phrases affirmatives

Je passe à l'action facilement.

Je crée chaque jour une vie de plus en plus heureuse.

Je suis une femme qui rêve et qui réalise ses rêves.

Tout est possible.

Je m'engage à réussir ma vie.

Mon intuition me guide dans mes actes.

Je brille de toutes mes facettes.

Je choisis d'être heureuse, et j'agis pour cela.

Je célèbre chacune de mes réussites.

Je suis inspirée et j'inspire les autres.

Ma vie est une réussite.

Je m'engage à suivre mon étoile.

Plus j'avance, plus c'est facile.

Plus je m'aime, plus c'est facile.

Je réussis facilement et brillamment avec mon pouvoir, ma sensibilité et mon charisme de femme.

Plus j'exprime le féminin en moi, plus je réussis.

Annexe I

Épidémie de bonheur

Voici les 12 principaux symptômes de cette terrible « maladie » :

1 - Tendance à se laisser guider par son intuition personnelle plutôt que d'agir sous la pression des peurs, des idées reçues et des conditionnements du passé.

2 - Manque total d'intérêt pour juger les autres, se juger soi-même, et s'intéresser à tout ce qui engendre des conflits.

3 - Perte complète de la capacité à se faire du souci (cela représente l'un des symptômes les plus importants).

4 - Plaisir constant à apprécier les choses et les êtres tels qu'ils sont, ce qui entraîne la disparition de l'habitude de vouloir changer les autres.

5 - Désir intense de se transformer soi-même pour gérer positivement ses pensées, ses émotions, son corps physique, sa vie matérielle et son environnement, afin de développer sans cesse ses potentiels de santé, de créativité et d'amour.

6 - Sourire répété, ce sourire qui dit « merci » et qui donne un sentiment d'unité et d'harmonie avec tout ce qui vit.

7 - Ouverture sans cesse croissante à l'esprit d'enfance, à la simplicité, au rire et à la gaieté.

8 - Moments de plus en plus fréquents de communication consciente avec son âme, ce qui donne un sentiment très agréable de plénitude et de bonheur.

9 - Plaisir de se comporter en « guérisseur » qui apporte joie et lumière plutôt qu'en critique ou en indifférent.

10 - Capacité à vivre seul, en couple, en famille et en société, dans la fluidité et l'égalité, sans jouer ni les victimes ni les bourreaux.

11 - Sentiment de se sentir responsable et heureux d'offrir au monde ses rêves d'un futur abondant, harmonieux et pacifique.

12 - Acceptation totale de sa présence sur Terre et volonté de choisir à chaque instant le beau, le bon, le vrai et le vivant.

Si vous voulez continuer à vivre dans la peur, la dépendance, les conflits, la maladie et le conformisme, évitez tout contact avec des personnes présentant ces symptômes. Cette «maladie» est extrêmement contagieuse !

Si vous présentez déjà des symptômes, sachez que votre état est probablement irréversible. Les traitements médicaux peuvent faire disparaître momentanément quelques symptômes, mais ne peuvent s'opposer à la progression inéluctable du mal. Aucun vaccin anti-bonheur n'existe.

Comme la maladie du bonheur provoque une perte de la peur de mourir, qui est l'un des piliers centraux des croyances de la société matérialiste moderne, des troubles sociaux graves risquent de se produire, tels des grèves de l'esprit belliqueux et du besoin d'avoir raison, des rassemblements de gens heureux pour chanter, danser et célébrer la vie, des cercles de partage et de guérison, des crises de fou rire et des séances de défoulement émotionnel collectives...

Annexe II

La Part du colibri

Un immense incendie ravage la jungle.

Affolés, les animaux fuient en tous sens.

Seul un colibri, sans relâche,

Fait l'aller-retour de la rivière au brasier,

Une minuscule goutte d'eau dans son bec,

Pour l'y déposer sur le feu.

Un toucan à l'énorme bec l'interpelle :
« Tu es fou, colibri, tu vois bien que cela ne sert à rien ! »
« Oui, je sais, répond le colibri, mais je fais ma part. »

Légende popularisée par Pierre Rabhi.

Annexe III

Imaginez une femme

« IMAGINEZ UNE FEMME
qui croit que c'est juste et bon qu'elle soit une femme.
(...)
IMAGINEZ UNE FEMME
qui se fait confiance et se respecte.
(...)
IMAGINEZ UNE FEMME
qui reconnaît l'influence du passé sur le présent.
(...)
IMAGINEZ UNE FEMME
qui est auteure de sa propre vie.
(...)
IMAGINEZ UNE FEMME
amoureuse de son propre corps.
(...)
IMAGINEZ UNE FEMME
qui honore les femmes de sa vie.
(...)
Imaginez que cette femme, c'est vous. »

Patricia Lynn Reilly, *Imagine a woman*,
texte traduit et reproduit avec son aimable autorisation.

Remerciements

À mes parents, qui m'ont donné la vie.

À mes enfants, qui m'ont permis de me réaliser en tant que maman et qui sont des sources d'inspiration pour moi.

À mes compagnons, des hommes merveilleux qui m'ont aidée à me révéler en tant que femme.

Aux femmes de ma vie, pour leur chaleur, leur bienveillance, leur amour inconditionnel, leur soutien : Catherine, Valérie, Martine, Florence, Nadia, Carmi, Bernadette, Odile, Maha, Cendrine et tant d'autres.

Aux participantes de mes ateliers qui m'ont fait confiance pour les accompagner et qui m'ont écrit de merveilleux et sincères témoignages.

À Stéphane, qui a participé à l'élaboration de ce livre par son regard présent et ses conseils précieux.

À toutes les femmes de la Terre, que je trouve belles et fortes et que j'aime.

À vous qui lisez ce livre et qui désirez contribuer à créer un monde plus féminin et plus aimant.

Merci de tenir ce livre entre vos mains.

Bibliographie

Voici les livres qui m'ont inspirée :

Denise Linn, *Secrets et mystères – Fierté et plaisirs d'être femme*, Éditions AdA, 2006.

Diana et Michael Richardson, *Slow Sex – Faire l'amour en conscience*, Almasta Éditions, 2013.

John Gray, *Les hommes viennent de Mars, les femmes viennent de Vénus*, Éditions J'ai Lu, collection « J'ai lu Bien-être », 2011.

Elizabeth Gilbert, *Mange, prie, aime*, Calmann-Lévy, 2008.

Catherine Delorme, *La Femme initiatrice dans la relation amoureuse*, Éditions Josette Lyon, 2010.

Ajanta et Serge Vidal Graf, *Se parler au cœur du sexe*, Éditions Jouvence, 1999.

Diana et Michael Richardson, *Amour et émotions*, Almasta Éditions, 2014.

À propos de l'auteure

Si vous désirez aller plus loin, j'anime un programme pour les femmes sur huit semaines une fois par an à Paris. Ce programme est également disponible en format audio, facile à écouter n'importe où. J'y ai ajouté quelques commentaires. Ce programme est disponible sous le lien suivant : http://valerie-richard.com/PdCfemmes.

J'anime des ateliers sur la Loi d'Attraction et l'estime de soi. Je suis également facilitatrice de Biodanza.

Pour retrouver mes activités, rendez-vous sur mon site :

- www.valerie-richard.com.

Pour me contacter, écrivez-moi à : contact@valerie-richard.com.